Parlate con noi

Italienisches Lehrwerk

Mario Moretti und Ingemar Boström

Lehrbuch 1

LANGENSCHEIDT
BERLIN · MÜNCHEN · WIEN · ZÜRICH

Die Aufnahmen
der Lektionstexte sind auf
einer Cassette erhältlich
ISBN 3-468-84275-9

Zeichnungen: Göran Lindgren
(S. 35, 38, 45 unten, 55, 58, 67, 71, 74 von Vera Solymosi-Thurzó)

© 1978 by Langenscheidt KG, Berlin und München –
Deutsche Ausgabe

© Ingemar Boström, Mario Moretti und
Almqvist & Wiksell Läromedel AB, Stockholm 1968

| Auflage: | 4. | 3. | 2. | Letzte Zahlen |
| Jahr: | 1981 | 80 | 79 | maßgeblich |

Druck: Druckhaus Langenscheidt, Berlin
Printed in Germany · ISBN 3-468-49270-7

Indice · Inhaltsverzeichnis

	Vorwort	5
1	Unbestimmter Artikel. Geschlecht. *Chi è? Cos'è? Questo, questa è.*	7
2	Pluralformen der Substantive. *Chi sono? Cosa sono? Questi, queste sono.*	10
	Una stanza. *C'è. Ci sono. Quanti? Quante?*	12
3	Bestimmter Artikel. *Dov'è? Dove sono?* **A Firenze.**	13
4	**Dialogo.** Präsens von *essere.*	17
5	**Dialogo.** Präpositionen mit dem bestimmten Artikel: *al, sul* usw.	18
6	Beugung der Adjektive. *Di che colore è? Com'è?* **In piazza.**	19
7	Präpositionen mit dem bestimmten Artikel: *del, nel* usw. Der Teilungsartikel. **Nell'aula.**	22
8	**Dialogo.** Präsens von *avere.*	24
9	**Nel negozio.** Erste Konjugation: Indikativ Präsens und Imperativ. Anrede mit *lei.*	25
10	**Giorgio dà una lezione d'italiano a Peter Palm.** Possessivpronomen.	27
11	**Peter Palm e il cane.** Zweite Konjugation: Indikativ Präsens und Imperativ. **L'anno.**	28
12	**Visita di uno studente tedesco.** Dritte Konjugation: Indikativ Präsens und Imperativ.	29
13	**Intorno a una vecchia fotografia di famiglia.** Personalpronomen. Indikativ Präsens und Imperativ reflexiver Verben	31
14	**La prima colazione.** Die Übersetzung des deutschen „man".	33
15	**Un viaggio a Roma.** Das Perfekt. *Che ora è?*	34
16	**Acquisti fatti a Roma.** Demonstrativpronomen. Personalpronomen: *lo, li, la, le, ci, ne.*	37
17	**Un regalo di Natale. Le feste dell'anno.** Unregelmäßige Adjektive. Personalpronomen: *mi/a me, ti/a te, gli/a lui, le/a lei, ci/a noi, vi/a voi, gli/a loro.*	39
18	**I vestiti.** Unverbundene Personalpronomen.	41
19	**A tavola.** Personalpronomen: *me lo, te lo, glielo* usw.	42
20	**La signora Conti telefona a una sua amica.** Steigerung von Adjektiven und Adverbien.	43
21	**Un programma della «TV dei ragazzi».** Relativ- und Indefinitpronomen.	45

22	Ricordo di guerra. Imperfekt. **Piccolo calendario della guerra.**	46
23	**Il signor Conti all'agenzia viaggi.** Futur.	48
24	**La famiglia Conti al vagone ristorante.** *Stare* + Gerundium. Nachsilben. **Filastrocca.**	50
25	**Scompartimento di prima classe.** Konditional.	53
26	**Una serata alla Scala.** Passato remoto. **La donna è mobile.**	55
27	**Un vino micidiale.** Passato remoto (Fortsetzung).	57
28	***Dall'erbivendolo.**	59
29	***Dal macellaio.**	60
30	***Dal droghiere.**	61
31	**Riunione di famiglia.** Passiv.	62
32	**Sull'Autostrada del Sole (Firenze — Roma).** Konjunktiv Präsens.	64
33	**Piazza Navona.** Konjunktiv Präsens (Fortsetzung).	66
34	**Giorgio e Chiara al giardino zoologico.** Trapassato prossimo, trapassato remoto.	68
35	**Sull'Autostrada del Sole (Roma—Napoli).** Konjunktiv Imperfekt.	70
36	***Napoli. Santa Lucia.**	72
37	**Sulla nave da Napoli a Palermo.**	73
38	***La Sicilia e i siciliani.**	75
39	**Sull'aereo Palermo—Firenze.**	76
	Kurzgrammatik	78
	Aussprache	104
	Vokabelverzeichnis und Anmerkungen	109
	Alphabetisches Vokabular	160
	Angaben zu den Karten	176

* Die Durchnahme der Lektionen 28—30, 36 und 38 ist fakultativ.

Vorwort

Ziel des vorliegenden Lehrwerkes ist es, den Lernenden in das gesprochene und geschriebene Italienisch einzuführen. In besonderem Maße eignet es sich für den Unterricht an Gymnasien. Ebenso kann „Parlate con noi" auch in der Erwachsenenbildung, z. B. an Volkshochschulen, und für das Selbststudium eingesetzt werden.

Die Texte dieses ersten Bandes sind überwiegend dialogisch gehalten. Themen und Inhalte der insgesamt 39 Lektionen bringen Alltagssituationen und alltägliche Begebenheiten aus dem italienischen Leben zur Darstellung. Dementsprechend ist die Sprache in den Dialogen am lebendigen und natürlichen Umgangs-Italienisch orientiert.

Neben den Lektionstexten enthält Band I eine Kurzgrammatik und ein ausführliches italienisch-deutsches Wörterverzeichnis mit Hinweisen zur Aussprache in der Internationalen Lautschrift. Dieses Vokabular ist sowohl nach Lektionen als auch in alphabetischer Ordnung dargestellt.

Das Lehrbuch wird begleitet von einem Übungsbuch mit schriftlichen und mündlichen Aufgabenstellungen sowie einer Cassette mit der Aufnahme aller Dialoge und zusätzlichen Sprechübungen zu wichtigen grammatischen Strukturen.

Nach dem Studium von Band I wird es möglich sein, sich mit Italienern über alltägliche Dinge zu unterhalten und sich in einer Vielzahl von Situationen sprachlich zu behaupten. — Band II hat zum Ziel, diese aktiven Sprachfertigkeiten auszubauen und den Lernenden zu befähigen, sich schriftlich wie mündlich über komplexe Themen zu äußern und sprachlich anspruchsvolle Texte zu lesen.

DER VERLAG

1 Uno *Prima lezione*

Ecco una casa.
È una casa?
Sì, è una casa.

Ecco una chiave.
Cos'è?
È una chiave.

Ecco una porta.
Cos'è?
È una porta.

Questa è una porta?
No, non è una porta.
È una finestra.

Che cosa è?
È un'insegna.

Cos'è? Che cosa è?
È **una** casa. È **un'**insegn**a**. È **una** chia**ve**.
È una porta? — **No, non è** una porta.

Ecco un libro.
È un libro?
Sì, è un libro.

Ecco un giornale.
Cos'è?
È un giornale.

Ecco un fiore.
Questo è un fiore?
Sì, è un fiore.

Ecco un albero.
Che cosa è?
È un albero.

Ecco uno specchio.
Cos'è?
È uno specchio.

Questo è uno specchio?
No, non è uno specchio.
È uno zero.

Cos'è? Che cosa è?
È **un** libro.   È **uno** specchio.
È **un** fiore.   È **uno** zero.

Ecco Carlo Conti.
Chi è?
È un signore.

Ecco Maria Conti.
Chi è?
È una signora.

Ecco Giorgio Conti.
Chi è?
È un ragazzo.

Ecco Chiara Conti.
Chi è?
È una ragazza.

Ecco Luigi.
Chi è?
È uno studente.

Chi è? — È una signora.

2 Due *Seconda lezione*

Queste sono due porte?
No, non sono due porte.
Sono due finestre.

Ecco due chiavi.
Cosa sono?
Sono due chiavi.

Ecco due libri.
Cosa sono?
Sono due libri.

Questi sono due libri?
No, non sono due libri.
Sono due giornali.

Questi sono due fiori?
No, non sono due fiori.
Sono due alberi.

Questi sono due specchi?
No, non sono due specchi.
Sono due zeri.

Cos'è?	Cosa sono?	
È una porta.	Sono due porte.	**Questo è** un libro?
È una chiave.	Sono due chiavi.	**Questa è** una chiave?
È un libro.	Sono due libri.	**Questi sono** due giornali?
È un fiore.	Sono due fiori.	**Queste sono** due finestre?

Questo è Giorgio.
Chi è?
È un ragazzo.

Ecco Giorgio e Luigi.
Chi sono?
Sono due ragazzi.

Questa è Chiara.
Chi è?
È una ragazza.

Ecco Chiara e Laura.
Chi sono?
Sono due ragazze.

Chi sono?
Sono Chiara e Laura?
No, sono due signore.

Chi sono?
Sono Giorgio e Luigi?
No, sono due signori.

Chi è?
È un ragazzo.

Chi sono?
Sono due ragazzi.

Una stanza

Ecco una stanza. A sinistra c'è una finestra. Cosa c'è a destra? A destra c'è una porta. A destra c'è anche una poltrona. In fondo a sinistra ci sono due sedie. Cosa c'è in fondo a destra? C'è una biblioteca. In fondo ci sono anche tre quadri. In mezzo c'è un tappeto. In alto c'è un lampadario.
Quanti quadri ci sono? Ci sono tre quadri.
Quante sedie ci sono? Ci sono due sedie.
Quanti tappeti ci sono? C'è un solo tappeto.
Quante poltrone ci sono? C'è una sola poltrona.

In mezzo **c'è un** tappeto. In fondo **ci sono due** sedie.
Quan**ti** tappe**ti** ci sono? Quan**te** sedi**e** ci sono?

3 Tre *Terza lezione*

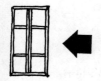

Dov'è la finestra?
La finestra è a sinistra.

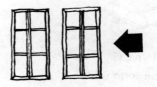

Dove sono le finestre?
Le finestre sono a sinistra.

Dov'è la chiave?
La chiave è a destra.

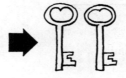

Dove sono le chiavi?
Le chiavi sono a destra.

Dov'è l'insegna?
L'insegna è in alto.

Dove sono le insegne?
Le insegne sono in alto.

Dov'è	**Dove sono**
la finestra?	**le** finestre?
l'insegna?	**le** insegne?

Dov'è il giornale?
Il giornale è sotto il libro.

Dove sono i giornali?
I giornali sono sotto i libri.

Dov'è l'albero?
L'albero è in fondo.

Dove sono gli alberi?
Gli alberi sono in fondo.

Dov'è lo specchio?
Lo specchio è in mezzo.

Dove sono gli specchi?
Gli specchi sono in mezzo.

Dov'è	**Dove sono**
il libro?	**i** libri?
l'albero?	**gli** alberi?
lo specchio?	**gli** specchi?

Ecco Carlo Conti, il marito di Maria e il padre di Giorgio e di Chiara.

Ecco Maria Conti, la moglie di Carlo e la madre di Giorgio e di Chiara.

Ecco Giorgio, il figlio di Carlo e il fratello di Chiara.

Ecco Chiara, la figlia di Carlo e la sorella di Giorgio.

Ecco Luigi, l'amico di Giorgio.

Ecco Laura, l'amica di Chiara.

Carlo e Maria sono i genitori di Giorgio e di Chiara.
Giorgio e Chiara sono i figli di Carlo e di Maria.
Luigi e Laura sono gli amici di Giorgio e di Chiara.

Ecco Peter Palm, uno studente tedesco.

A Firenze

Ecco una casa. È la casa di Carlo e di Maria Conti. L'entrata è a sinistra. Ha due piani: il pianterreno e il primo piano. C'è anche un balcone. In alto c'è il tetto. Dietro la casa c'è un giardino con fiori e alberi. Ecco le stanze:

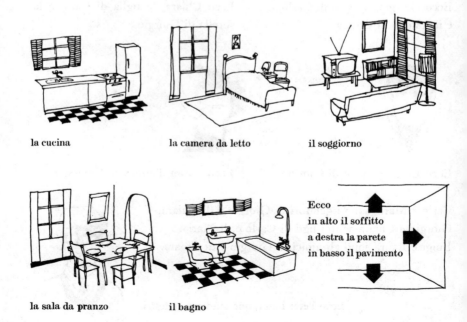

la cucina   la camera da letto   il soggiorno

la sala da pranzo   il bagno

Ecco
in alto il soffitto
a destra la parete
in basso il pavimento

4 Quattro *Quarta lezione*

Maria Dove sei, Chiara?
Chiara Sono qui, mamma, in cucina.
Maria E Giorgio, dov'è?
Chiara È fuori, in giardino.
Maria Come mai? Non siete ancora pronti? Siete sempre in ritardo. Il cinema comincia fra dieci minuti.
Chiara Dov'è il babbo?
Maria È andato a comprare le sigarette.

Peter Buona sera, signora Conti. Come sta?
Maria Bene, grazie, e lei?... Scusi, signor Palm, siamo in ritardo, i ragazzi non sono ancora pronti, e il film comincia fra alcuni minuti. Arrivederla, a domani!
Peter Arrivederla, signora Conti. Buon divertimento!

sono in ritardo	**siamo** in ritardo	
sei in ritardo	**siete** in ritardo	**(Lei) è** in ritardo, signora.
è in ritardo	**sono** in ritardo	

5 Cinque *Quinta lezione*

Peter Buona sera, Chiara. Cosa fai?
Chiara Buona sera. Non faccio niente. Cosa cerca?
Peter Cerco il giornale, LA NAZIONE. Dov'è?
Chiara È qui sulla tavola. No, non è vero. È lì in fondo, sul pavimento, davanti alla sedia.
Peter Eccolo. Poi cerco anche un'arancia. Dove sono?
Chiara Le arance sono lì sullo scaffale, accanto allo specchio.
Peter Fa così buio, non vedo niente. Ah, eccole finalmente. Due e tre fanno cinque, meno una fanno quattro ... C'è anche un coltello?
Chiara Non so, forse in cucina ... È meglio chiedere alla mamma ...
Peter Cosa fate stasera?
Chiara Non so, forse facciamo un giro per la città. Firenze è così bella, di notte ...

Dov'è il giornale?	Dove sono le arance?
È **sul** pavimento,	Sono **sui** giornali,
sullo scaffale,	**sugli** scaffali,
sulla sedia.	**sulle** tavole.

non **faccio** niente	non **facciamo** niente
non **fai** niente	non **fate** niente
non **fa** niente	non **fanno** niente

Fa caldo. Fa freddo.

6 Sei *Sesta lezione*

Ecco la bandiera italiana.
È verde, bianca e rossa.

La bandiera tedesca è nera,
rossa e aurea.

Di che colore è il sole?
È giallo.

Di che colore è il fuoco?
È rosso.

Di che colore è l'erba?
È verde.

Di che colore è la nocciola?
È marrone.

Di che colore è il fumo?
È grigio.

Di che colore è il carbone?
È nero.

Il libro è ross**o**.	Il tappeto è verd**e**.
La casa è ross**a**.	La porta è verd**e**.

Ecco un cane. Com'è?
È piccolo.

Ecco due cani. Come sono?
Sono piccoli.

Questa è una chiave. Com'è?
È piccola.

Queste sono tre chiavi. Come sono?
Sono piccole.

Questo è uno specchio. Com'è?
È grande.

Questi sono due specchi. Come sono?
Sono grandi.

Ecco una macchina. Com'è?
È grande.

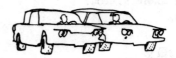

Ecco due macchine. Come sono?
Sono grandi.

Il libro è piccolo — i libri sono piccoli.
La casa è piccola — le case sono piccole.
Il tappeto è grande — i tappeti sono grandi.
La porta è grande — le porte sono grandi.

In piazza

Giorgio Ciao, Laura. È vero che avete una nuova macchina?
Laura Sì, è vero. Una Lancia Fulvia.
Giorgio Quanti cavalli ha?
Laura Non so ... Non è verde come la vecchia seicento, è rossa, ma l'interno è tutto nero.
Giorgio Quanti litri consuma?
Laura Non so ... La nuova targa è molto semplice: FI 300.110. E poi ha quattro sportelli ...
Giorgio Quanti chilometri fa all'ora?
Laura Non so ... Perché domandi tante cose? Come sai, in città bisogna andar piano, se no, si paga una multa o si perde la patente. Ma domenica faremo l'Autostrada del Sole ...

7 Sette *Settima lezione*

Ecco la pipa del signor Conti.

Ecco la borsetta della studentessa.

Ecco la borsa dello studente.

Questa è la targa dell'automobile.

Questi sono i palloni dei ragazzi.

Queste sono le bambole delle ragazze.

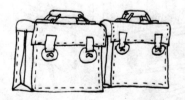

Ecco le borse degli studenti.

Nel salotto c'è una biblioteca.

Nella biblioteca ci sono dei libri.

Nei libri ci sono delle illustrazioni.

Ecco la pipa **di** Carlo Conti — **del** signor Conti.
Ecco la borsa **di** Maria Conti — **della** signora Conti.

Carlo è **in** casa. — **Nella** casa ci sono cinque stanze.
Nella stanza ci sono **dei** ragazzi e **delle** ragazze.

Nell'aula

Anna   Cosa cerchi, Laura?
Laura   Cerco la borsa della signorina Bianchi. Sai dov'è?
Anna   No, forse si trova nell'aula vicina ... Aspetta un momento, c'è qualcosa lì, nell'angolo ... No, è la borsa del professore.
Laura   Hai molto da fare, Anna?
Anna   Purtroppo, sì. Basta guardare la lavagna. Bisogna cancellare tutto. Poi guarda il pavimento! Ci sono dei quaderni, dei pezzi di gesso, delle matite dappertutto.
Laura   Poveretta! Coraggio, e buon lavoro!

8 Otto *Ottava lezione*

Luigi Ciao, Giorgio, va tutto bene? Che bella bicicletta! È tua?
Giorgio Sì, non ho più voglia di andare a piedi, e poi ho bisogno di una bicicletta per andare a scuola. Hai voglia di provarla?
Luigi Non ho tempo adesso, purtroppo ... Dimmi, Giorgio, avete intenzione di comprare una nuova seicento?
Giorgio Non abbiamo abbastanza soldi per il momento, e tutte le macchine costano parecchio, non è vero? Poi anche Chiara ha bisogno di una bicicletta. Tutte le sue amiche hanno la bicicletta, adesso.
Luigi Allora, a domani, Giorgio! Prudenza, eh! Anche con la bicicletta c'è pericolo ... Chi va piano, va sano. Ciao!

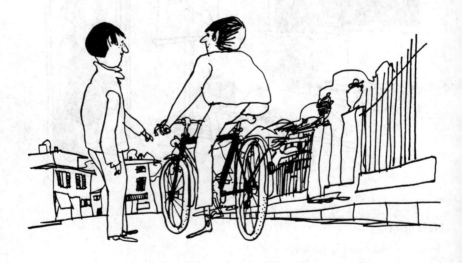

non **ho** tempo   non **abbiamo** tempo
non **hai** tempo   non **avete** tempo
non **ha** tempo   non **hanno** tempo

Ecco i libri — ecco **tutti i** libri.
Ecco le borse — ecco **tutte le** borse.

9 Nove *Nona lezione*

Nel negozio

Maria C.   Perché non entri, Chiara? Entra anche tu!
Commesso   Buon giorno, signora e signorina. Cosa desiderano?
Maria C.   Cerco qualcosa per mio figlio. Una bella cravatta, per esempio.
Commesso   Eccone una molto bella, di seta pura.
Maria C.   Cosa ne pensi, Chiara?
Chiara   A me non piace, è troppo scura.
Maria C.   Sì, hai ragione. Porti qui invece quell'altra, quella color sabbia. Quanto costa?

Commesso	Diecimila lire. Sembra molto, ma è di ottima qualità. Lei trova il prezzo troppo alto?
Maria C.	Mah. I prezzi aumentano sempre, tutto costa caro oggi. Prendiamo questa.
Commesso	Molto bene. Desiderano qualche altra cosa?
Maria C.	No, grazie. Adesso torniamo a casa ... No, prima devo andare a visitare la signora Motta. Chiara, porti i pacchetti a casa?
Commesso	Aspetti un po', signora, lasci fare a me! Chiamo il nostro fattorino ... Carlo, porta questi pacchetti a casa della signora, in via ...
Maria C.	Ecco il nostro biglietto da visita. Arrivederla.
Commesso	Arrivederla e buon giorno, signora e signorina. (*Apre la porta.*)
Maria C.	Grazie.
Commesso	Prego.

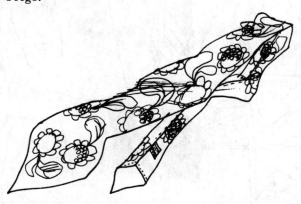

aspetto un po'	**aspettiamo** un po'
aspetti un po'	**aspettate** un po'
aspetta un po'	**aspettano** un po'
(Lei) aspetta un po', signora?	**(Loro) aspettano** un po', signori?
Aspetta un po', Chiara! **Non aspettare,** Chiara! **Aspetti** un po', signora!	**Aspettiamo** un po'! **Aspettate** un po', ragazzi! **Aspettino** un po', signori!

10 Dieci *Decima lezione*

Giorgio dà una lezione d'italiano a Peter Palm

Giorgio   Ecco il mio naso, ecco i miei occhi, ecco la mia bocca, ecco le mie guance, e le mie mani.

Peter   Piano, piano. Ecco il tuo naso, i tuoi occhi, la tua bocca, le tue guance, ecco le tue mani.

Giorgio   Bravo. Continuiamo! Ecco il suo berretto, la sua cravatta, i suoi occhiali, le sue scarpe.

Peter   Tante parole nuove! Non è così facile imparare l'italiano.

Giorgio   Coraggio, per la lezione di oggi mancano ancora soltanto due o tre parole. Ecco la nostra macchina, il nostro giardino, le nostre biciclette.

Peter   La vostra macchina, il vostro giardino, le vostre biciclette... Senti, Giorgio, sono stanco adesso. Dove sono i tuoi genitori?

Giorgio   Il babbo è in casa, ma la mamma è andata in città a fare le spese. Stasera arrivano i loro amici, Maria e Bruno Motta. Ma prima di terminare, sa qual è la parola più lunga della lingua italiana?

Peter   No, davvero, non lo so.

Giorgio   Ecco: precipitevolissimevolmente.

Peter   Prepi...pretici...

Ecco il **mio** libro — i **miei** libri.   Ecco il **loro** libro — i **loro** libri.
Ecco il **tuo** libro — i **tuoi** libri.   Ecco la **loro** borsa — le **loro** borse.
Ecco il **suo** libro — i **suoi** libri.

11 Undici *Undicesima lezione*

Peter Palm e il cane

Peter   Perché ridete, ragazze? Non avete paura del cane? Smettete di ridere!

Chiara   Se lei non corre, non c'è pericolo. E poi, il cane non morde. Come vede, è così gentile. I cani non mordono mai, se non hanno paura. Chieda alla mamma; conosce bene i cani. Ma smetti di ridere, Laura, non vedi? Perde la pazienza!

Laura   Lei prende veramente tutto troppo sul serio! Se lei promette di non piangere, non ridiamo più.

Chiara   Basta, Laura...Ma guarda, scendono il babbo e la mamma. Andiamo in giardino!

Peter   Chiudete bene la porta, però, e non lasciate entrare il cane!

L'anno

Quanti sono i giorni della settimana? — Sono sette. — Quali sono? — Sono lunedì, martedì, mercoledì, giovedì, venerdì, sabato, domenica.

Quante sono le stagioni dell'anno? — Sono quattro. — Quali sono? — Sono la primavera, l'estate, l'autunno e l'inverno.

Quanti sono i mesi dell'anno? — Sono dodici. — E quali sono? — Sono gennaio, febbraio, marzo, aprile, maggio, giugno, luglio, agosto, settembre, ottobre, novembre e dicembre.

---

scendo la scala	**scendiamo** la scala
scendi la scala	**scendete** la scala
scende la scala	**scendono** la scala
Scendi, Giorgio!	**Scendiamo!**
Non scendere, Giorgio!	**Scendete,** ragazzi!
Scenda, signora!	**Scendano,** signori!

12 Dodici *Dodicesima lezione*

Visita di uno studente tedesco

(*Suona il campanello*)

Chiara	C'è qualcuno alla porta. Strano, così presto. Tutti dormono ancora.
Giorgio	Vado a aprire io. (*Apre la porta.*)
Studente	Guten Tag.
Giorgio	Non capisco. Capisci, Chiara?
Chiara	No.

Giorgio	Senta, signore, lei preferisce aspettare in salotto?
Chiara	Non risponde. Vedi? Non serve a niente parlare italiano.
Giorgio	(*va a chiamare Peter Palm e picchia alla porta*) Apra!
Peter	Finisci di bussare alla porta, Giorgio! Ho un mal di testa terribile. (*Apre finalmente.*) Cosa c'è?
Giorgio	Un suo amico aspetta giù in salotto. Non capiamo una sola parola.
Peter	Non capite niente? Neanch'io capisco: venire a svegliarmi così presto la mattina! Senza spedirmi una cartolina o una lettera, senza telefonarmi!

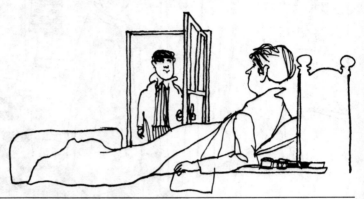

sento qualcosa	**sentiamo** qualcosa
senti qualcosa	**sentite** qualcosa
sente qualcosa	**sentono** qualcosa
Senti, Giorgio!	**Sentiamo!**
Non sentire, Giorgio!	**Sentite,** ragazzi!
Senta, signora!	**Sentano,** signori!
finisco subito	**finiamo** subito
finisci subito	**finite** subito
finisce subito	**finiscono** subito
Finisci, Giorgio!	**Finiamo!**
Non finire, Giorgio!	**Finite,** ragazzi!
Finisca, signora!	**Finiscano,** signori!

13 Tredici *Tredicesima lezione*

Intorno a una vecchia fotografia di famiglia

Giorgio   Ti ricordi, Chiara? La grande riunione di famiglia, dodici anni fa ... Guarda, come siamo cambiati! Ma ... siamo davvero noi?

Chiara   Ma sì, mi ricordo benissimo. Quella bambina lì, a destra, sono io. E tu, Giorgio, sei quello in fondo, in braccio alla mamma. Guardi un po', che cocco di mamma!

Peter   Come al solito sei cattivella, Chiara. Voi due vi ricordate bene di tutto? Allora, ditemi, chi è il signore a sinistra, in primo piano?

Chiara   È lo zio Alberto, il fratello del babbo. Guardi, che barba lunga!

Giorgio   La moglie di zio Alberto si chiama Anna, zia Anna. Ma lei, dov'è? Ah sì, è quella lì, che sta seduta davanti allo zio, con i figli.

Peter   Loro come si chiamano?

Giorgio   I nostri cugini si chiamano Margherita e Paolo. Quando siamo da loro, ci divertiamo da morire.

Chiara   Si figuri che una volta ci siamo vestiti da indiani e volevamo scotennare l'autista di zio Alberto. Ma per fortuna, lui era calvo.

Chi è? — Sono **io**. Sei **tu**. È **lui**. È **lei**.	Chi sono? — Siamo **noi**. Siete **voi**. Sono **loro**.
Io **mi chiamo** Chiara. Tu **ti chiami** Giorgio? Lui **si chiama** Luigi. Lei **si chiama** Laura.	Noi **ci chiamiamo** Chiara e Giorgio. Voi **vi chiamate** Luigi e Laura? Loro **si chiamano** Margherita e Paolo.
Figurati, Giorgio! **Non figurarti,** Giorgio! **Si figuri,** signora!	**Figuriamoci!** **Figuratevi,** ragazzi! **Si figurino,** signori!

14 Quattordici *Quattordicesima lezione*

La prima colazione

Giorgio	Buon giorno, si accomodi! Ha dormito bene?
Peter	Benone. Però... qui in Italia mi alzo piuttosto tardi.
Chiara	In Germania ci si alza più presto che in Italia?
Peter	Non credo, ma la sera i bambini si coricano molto più tardi qui in Italia. D'altra parte, non c'è la siesta in Germania: non ci si riposa nel pomeriggio come accade spesso qui da voi...
Chiara	Cosa si prende come prima colazione in Germania?
Peter	Dipende. Ad ogni modo, di solito non si prende il caffellatte come qui.
Giorgio	Ma allora si prende un espresso o un cappuccino?
Peter	No, no. Non si prendono questi tipi di caffè da noi. Il caffè tedesco ha un gusto diverso ed è meno forte. Alcuni preferiscono un bicchiere di latte o una tazza di tè a una tazza di caffè.
Chiara	Ci si accorge subito che lei ha nostalgia di una bella tazza di caffè tedesco ogni mattina!
Peter	Pazienza. Come dice quel vostro proverbio: paese... paese...
Giorgio	Ecco: paese che vai, usanze che trovi!

Peter **si alza** presto. — **Ci si alza** presto in Inghilterra.

Giorgio **si corica** tardi. — **Ci si corica** tardi in Italia.

Qui **si compra** caffè. — Qui **si comprano** giornali.

15 Quindici *Quindicesima lezione*

Un viaggio a Roma

Chiara   Ben tornati a casa, Laura e Luigi! Cosa avete fatto a Roma?

Laura   Siamo andati a vedere tante cose. Abbiamo visitato il Colosseo, San Pietro, i Musei Vaticani, le Catacombe, eccetera. Non siamo stati sempre insieme, però: un pomeriggio Luigi ha preferito andare a vedere la partita di calcio.

Luigi   Sì, ho visto un incontro magnifico tra la Roma e la Fiorentina. I nostri hanno riportato una vittoria strepitosa: quattro a zero.

Laura   Abbiamo appena avuto il tempo di chiudere gli occhi: ho dormito soltanto quattro o cinque ore ogni notte. E di giorno non abbiamo perduto un secondo. Due o tre volte abbiamo anche preso un tassì per guadagnare un po' di tempo. È costato parecchio, naturalmente.

Chiara   Ho capito. Quando siete tornati?

Luigi   Siamo partiti da Roma ieri, nel pomeriggio, con un direttissimo, e siamo arrivati a Firenze proprio in tempo per la cena. È stato un viaggio meraviglioso! Ci siamo veramente divertiti!

-are   I ragazzi visitano il museo — **hanno visitato** il museo.

-ere   Laura non perde un secondo — non **ha perduto** un secondo.

-ire   Luigi non dorme — non **ha dormito**.

essere   Luigi è a Roma — **è stato** a Roma.
fare   Cosa fa a Roma — **ha fatto** a Roma?
vedere   Vede un incontro — **ha visto** un incontro.
prendere   Prende un tassì — **ha preso** un tassì.

Laura **è stata** a Roma. Adesso **è tornata** a casa.
Si è divertita molto.

San Pietro

Che ora è? Che ore sono?

Guardate l'orologio!

È l'una.
(Sono le tredici)

Sono le due.
(Sono le quattordici)

Sono le tre e un quarto.

Sono le quattro meno
un quarto.

Sono le cinque
e mezzo.

Sono le nove meno
dieci. (Sono le otto e
cinquanta.)

Sono le sei e quaranta.
(Sono le sette meno venti.)

È mezzogiorno.

È mezzanotte.

A che ora parte il treno?

Il treno per Venezia parte
alle dieci e quindici.

Il treno per Torino parte
all'una e trenta.

16 Sedici *Sedicesima lezione*

Acquisti fatti a Roma

Chiara Allora dimmi, Laura, cosa avete comprato a Roma?
Laura Questa borsetta l'ho trovata in Via del Corso. È costata soltanto ventimila lire. Quella della mamma è costata di più.
Chiara E quella sciarpa lì, sulla sedia? Non la vedi?
Laura Sì, ma non è mia, è quella della mamma. Quegli occhiali da sole, invece, li ho pagati abbastanza cari, undicimila lire, credo. Quando ci penso, mi pare veramente troppo.
Chiara Quei guanti lì, sulla tavola, sono tuoi?
Laura Sì, ma sono troppo stretti. Vorrei venderli. Vuoi provarli tu?
Chiara Volentieri, ma prima dimmi, codeste scarpe le hai comprate a Roma?
Laura Macché! Ti sei dimenticata che le porto da almeno un mese?
Chiara Quel cappello è nuovo, però! Non l'ho mai visto prima.
Laura È vero. È un regalo del nonno. Adesso lo provo ... Cosa ne pensi?
Chiara Bello! Ti sta benissimo!

Quel libro è caro.   **Quei libri** sono cari.
Quell'albero è alto.   **Quegli alberi** sono alti.
Quello studente è svedese.   **Quegli studenti** sono svedesi.

Quel libro **lo** vedo per la prima volta.
Non **l'**ho mai vis**to** prima.
Quei libri **li** vedo per la prima volta.
Non **li** ho mai vis**ti** prima.
Quella lettera **la** vedo per la prima volta.
Non **l'**ho mai vis**ta** prima.
Quelle lettere **le** vedo per la prima volta.
Non **le** ho mai vis**te** prima.

17 Diciassette *Diciassettesima lezione*

Un regalo di Natale

Giorgio   Cosa vi ha dato il nonno per Natale, Luigi?

Luigi   Ci ha dato tanti regali, tante cose ... A Laura, per esempio, un bel cappello, e a me un libro molto interessante. Eccolo! Ti piace la fantascienza?

Giorgio   Sì, mi piace abbastanza ... Che begli astronauti! Soprattutto quello lì, vestito tutto di azzurro. Cosa gli succede, nel libro?

Luigi   È americano. Quando atterra su un pianeta sconosciuto, trova un'aviatrice russa, che è l'unica sopravvissuta di una gran catastrofe astronautica, e che vede in lui un angelo venuto dal cielo. Ma prima di tornare sulla Terra col gran razzo che vedi lì, gli succedono tante cose eccitanti ... Finalmente si sposano e hanno due bei bambini.

Giorgio   Che sciocchezze! A me piace di più un vero romanzo giallo!

Le feste dell'anno

Le principali feste dell'anno sono: Natale, Epifania, Pasqua e Ferragosto. Gli auguri rituali sono: Buon Natale, Buon Capodanno (Buona fine e buon principio), Buona Pasqua, Buone feste, Buon Ferragosto.

Tra i Santi più festeggiati, bisogna contare Sant'Antonio, San Giuseppe, San Giovanni, Sant'Anna, Santa Rita, San Pietro e San Paolo. Il giorno dopo Natale, che è Santo Stefano, ha dato origine al seguente detto: « Da Natale a Santo Stefano », per indicare una cosa di breve durata.

A me non piace — non **mi** piace.   **A noi** non piace — non **ci** piace.
A te non piace — non **ti** piace.   **A voi** non piace — non **vi** piace.
A lui non piace — non **gli** piace.   **A loro** non piace — non **gli** piace.
A lei non piace — non **le** piace.

Ecco un **buon** libro, un **buon** amico, un **buono** scrittore.
Ecco un **bel** cappello, un **bell'**albero, un **bello** specchio.
Ecco due **bei** cappelli, due **begli** alberi, due **begli** specchi.
Ecco un **gran** quadro, un **grand'**artista, un **grande** scrittore.

18 Diciotto *Diciottesima lezione*

I vestiti

Maria Chiara, mettiti il vestito blu mare.
Chiara No, mamma, non me lo voglio mettere: preferisco mettermi la camicetta bianca e la gonna scozzese, con le calze verdi che mi piacciono tanto.
Maria Ubbidiscimi una volta tanto! Deve venire la signora Rossi a trovarci, e voglio che tu le appaia un po' in ordine, hai capito?
Chiara E va bene. Ma la signora Rossi dovrebbe pensare un po' a sé, porta sempre lo stesso vestito di lana grigia, pare una di quelle donne che stanno nelle prigioni per donne ... E quel ridicolo cappellino nero, poi, per non parlare di quel cappotto nero che è diventato verde ...
Maria Smettila, Chiara. Parli troppo e dici sciocchezze.

19 Diciannove *Diciannovesima lezione*

A tavola

Giorgio Chiara, passami il pane.
Chiara Non te lo passo se non mi dici per favore, Giorgio.
Giorgio Dammelo, ti dico!
Chiara No.
Carlo Basta, ragazzi. Buona, Maria, questa « pizzaiola »: sembra cucinata al ristorante. È buona, ma ...
Maria Lo sapevo che avresti trovato un ma ...
Carlo Ecco, c'è un po' troppo rosmarino, forse ...
Chiara A me piacciono gli spinaci, mamma, fatti così, e mi piaceva la pasta asciutta con le vongole, e la carne: sei una cuoca bravissima.
Maria Ecco, diglielo tu a tuo padre, dal momento che lui non me lo dice mai.
Carlo Cosa c'entra: sono un po' difficile, sai bene che sono un buongustaio. E poi, il solo fatto che insisto a mangiare qui è segno che in fondo apprezzo la tua cucina.
Maria Ti ringrazio dell'onore. Siamo tutti commossi.

Mi dà il pane — **me lo** dà.   Ci dà il pane — **ce lo** dà.
Ti dà il pane — **te lo** dà.   Vi dà il pane — **ve lo** dà.
Gli dà il pane — **glielo** dà.   Gli dà il pane — **glielo** dà.
Le dà il pane — **glielo** dà.

Giorgio, dammi il pane, per favore! — **Dammelo,** per favore!
Signora, mi dia il pane, per favore! — **Me lo dia,** per favore!
Ragazzi, datemi il pane, per favore! — **Datemelo,** per favore!
Signori, mi diano il pane, per favore! — **Me lo diano,** per favore!

20 Venti *Ventesima lezione*

La signora Conti telefona a una sua amica

Signora R. Pronto! Chi parla?

Maria Parla la signora Conti. Buon giorno, cara signora Rossi. Come va la sua salute? Va meglio?

Signora R. Molto meglio, cara signora Conti. Anzi: meglio di così ... si muore.

Maria Lei non ha davvero perso il suo spirito! In genere, si dice: peggio di così si muore ...

Signora R. Scherzo. Ma mi dica di lei, piuttosto: come si trova nella sua nuova casa?

Maria Oh, bene. È senza dubbio più bella della vecchia. Ma è anche la casa più grande che abbiamo mai avuto, e lei sa che nelle case grandi c'è molto da fare.

Signora R. Ah, lo so, lo so. Ma i suoi figlioli? Come stanno?
Maria Non c'è male. Giorgio, il maggiore, è molto studioso. Sembra un ometto: è più serio dei ragazzi della sua età.
Signora R. E Chiara?
Maria Chiara è sempre molto irrequieta. Non è cattiva, però, è più vivace che cattiva, ecco. E ... le sue bambine?
Signora R. Stanno bene, grazie al cielo. Maria, la maggiore, non mi dà pensiero. Annetta, la minore, invece, a scuola ottiene risultati sempre peggiori; è molto distratta e indolente, in questi giorni. Ma spero bene.
Maria Le faccio i miei migliori auguri, cara signora. Mi saluti tanto i suoi. Arrivederla.
Signora R. Arrivederla, signora Conti.

Questa casa è **più grande di** quella. È **la** casa **più grande** del quartiere.
Questo libro è **migliore di** quello. È **il miglior** libro che ho.
Questo film è **peggiore di** quello.

Come sta? Sta bene? — Sì, sto un po' **meglio** oggi **che** ieri.
Come sta? Sta meglio? — No, sto **peggio** oggi **che** ieri.

21 Ventuno *Ventunesima lezione*

Un programma della « TV dei ragazzi »

Chiara e Giorgio sono soli a casa, tutti gli altri sono usciti. Niente può turbarli, nessuno può allontanarli dal loro posto, davanti al televisore che, per qualche momento ancora, trasmette dei ballabili.

Lo spettacolo di cui i due fratelli aspettano l'inizio è dedicato alle avventure di « Topo Gigio », un topo parlante che è l'eroe dei ragazzi italiani.

La musica cessa improvvisamente e Chiara e Giorgio, ognuno con la stessa impazienza, alzano la testa di scatto: la graziosa annunciatrice presenta Topo Gigio.

Di tanto in tanto, ad ogni nuova impresa del fantastico topo, Chiara e Giorgio si scambiano un rapido sorriso d'intesa. Topo Gigio, nuovo monarca assoluto del regno dei ragazzi, esce dal piccolo schermo e porta i suoi piccoli sudditi per mano, nei giardini incantati della fantasia.

Ecco **lo studente che parla** inglese.
Ecco **la studentessa di cui parlo.**

Niente è più facile.
Non vedo **niente.**
Nessuno lo conosce.
Non lo conosce **nessuno.**

22 Ventidue *Ventiduesima lezione*

Ricordo di guerra

Giorgio   Cosa ricordi della guerra, papà?
Carlo   Ero molto giovane, allora. Avevo solo quattordici anni all'inizio della guerra.
Giorgio   Ma dove eravate?
Carlo   Eravamo nel Mugello, in una casa di campagna, la mamma, mio fratello e io. Avevo fatto amicizia con altri ragazzi, che abitavano nelle case vicine, ed erano « sfollati » come noi. Venivano gli aerei inglesi e americani, e la nostra contraerea cercava di colpirli da terra.
Chiara   Cos'è la contraerea, papà?
Carlo   È un corpo di artiglieria speciale... Ma tu... non studi? Hai detto che devi studiare, no?
Giorgio   Giusto. E poi, non sono discorsi da ragazzina, questi.
Chiara   Uh, quante arie ti dai! Tanto, neanche tu eri nato, quando c'era la guerra...

Giorgio	Finiscila, pensa a studiare l'aritmetica, piuttosto. Papà ... non succedeva mai che ...
Carlo	Qualche volta. Un giorno mi trovavo presente anch'io. Uno « Spitfire » inglese fu spezzato in due da un tiro bene aggiustato.
Giorgio	E i piloti?
Carlo	Ancora oggi, quando penso che i due piloti erano riusciti a salvarsi ...
Chiara	Come?
Giorgio	Ma tu non devi ...
Chiara	... studiare, lo so. Uffa, quanto siete noiosi con i vostri discorsi da uomini. Me ne vado. Non mi piace la guerra.

Piccolo calendario della guerra

1940	Mussolini dichiara la guerra
1943	Sbarco degli Alleati in Sicilia
	Mussolini licenziato da Vittorio Emanuele III
	Armistizio
	Lotta partigiana
1944	Liberazione di Roma
1945	Morte di Mussolini e fine della guerra
1946	Referendum: 12 700 000 voti per la repubblica, 10 700 000 voti per la monarchia
1946-47	Conferenza di Parigi e Trattato di Pace

aspettare:	aspett**avo**	**sentire:**	sent**ivo**
scendere:	scend**evo**	**essere:**	**ero**

aspett**avo** un amico	aspett**avamo** un amico
aspett**avi** un amico	aspett**avate** un amico
aspett**ava** un amico	aspett**avano** un amico

23 Ventitre *Ventitreesima lezione*

Il signor Conti all'agenzia viaggi

Signor Conti   Scusi, può darmi un'informazione?
Impiegato   Sarò lieto di servirla, signore.
Signor Conti   Grazie. Devo prenotare quattro posti per Milano. Può indicarmi un treno che partirà da Firenze sabato mattina?
Impiegato   Vedrò di accontentarla. Sabato? Ha detto sabato?
Signor Conti   Appunto.
Impiegato   Impossibile.
Signor Conti   Oh bella! E perché?
Impiegato   Sabato ci sarà lo sciopero delle Ferrovie. Tutti i treni rimarranno fermi. Avremo una paralisi completa dei trasporti.
Signor Conti   Ah, questi scioperi ... Ma allora, venerdì. C'è un treno, venerdì?
Impiegato   Sì. Potrà partire col treno delle 9,25.
Signor Conti   Benissimo. E a che ora arriverà a Milano?
Impiegato   Il treno delle 9,25 non arriverà a Milano. Muore a Bologna.
Signor Conti   Ma io voglio un treno per Milano, non per Bologna!
Impiegato   Lei troverà una coincidenza alle 12,29 ...
Signor Conti   No! Non ho nessuna intenzione di fermarmi a Bologna!
Impiegato   Male, caro signore. Le posso assicurare che se si fermerà a Bologna non avrà da pentirsene. È una splendida città. Io sono bolognese.
Signor Conti   Ma sa che lei è un bel tipo. Io ...
Impiegato   Va bene, va bene. Vedo che sta per perdere la pazienza. Ecco qui. C'è un direttissimo che partirà da Firenze alle 11,40 e sarà a Milano alle due. Va bene?
Signor Conti   Benissimo. Mi prenoti quattro posti in prima.
Impiegato   Come vuole. Ecco fatto. Arrivederla, signore.
Signor Conti   Arrivederla.

aspettare: aspett**erò**	**essere:** **sarò**
scendere: scend**erò**	**avere:** **avrò**
sentire: sent**irò**	

aspett**erò** un'ora	aspett**eremo** un'ora
aspett**erai** un'ora	aspett**erete** un'ora
aspett**erà** un'ora	aspett**eranno** un'ora

24 Ventiquattro *Ventiquattresima lezione*

La famiglia Conti al vagone ristorante

La famiglia Conti è riunita al gran completo intorno alla tavola traballante di un vagone ristorante, sul direttissimo Firenze-Milano. Il cameriere, un ameno tipo di toscano, sta illustrando il menù al signor Conti:

— Per cominciare, vi consiglio un brodino di pollo che solo a vederlo fa venire l'acquolina in bocca. Poi un bel pesce di Livorno annaffiato da un vinello bianco che fa risuscitare i morti. Per finire, frutta fresca e formaggio scelto, e un caffè espresso meglio di quello delle « Giubbe rosse » a Firenze. Ai bambini... pardon, al signorino e alla signorina, due gelatoni grandi come locomotive. —

Il cameriere si allontana, frettoloso, e Carlo Conti e sua moglie si guardano, sorridendo. Chiara non può fare a meno di commentare:

— Papà, che toscanaccio, quel cameriere!

— Chiara, non si dice così... — fa la mamma.

— Perché, mamma? C'è scritto anche sulla copertina del libro che il babbo tiene sul comodino...

— Ti sbagli, Chiara. Il titolo del libro di Malaparte è « Maledetti toscani » — replica il signor Conti, indulgente.

Chiara fa spallucce.

— Chiara ha ragione — interviene Giorgio — maledetti toscani o toscanacci, è lo stesso.

Filastrocca

C'era una volta
un omino piccino piccino
picciò
che avea sposato
una donnina piccina piccina
picciò

Un bel giorno
che i due sposini piccini piccini
picciò
si lavavano i dentini
nel lavandino piccino piccino
picciò

    finirono dentro
    il buchino piccino piccino
    picciò
    del lavandino piccino piccino
    picciò.

> aspetto un amico — sto aspett**ando** un amico
> scendo la scala — sto scend**endo** la scala
> parto per Roma — sto part**endo** per Roma

un piede  un piedino

una casa 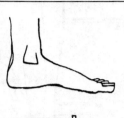 una casetta

un albero  un alberello

un gelato un gelatone

una donna un donnone

un ragazzo un ragazzaccio

25 Venticinque *Venticinquesima lezione*

Scompartimento di prima classe

È l'una. La famiglia Conti è appena tornata dal vagone ristorante. La mamma sonnecchia, il capo appoggiato sulla spalliera. Giorgio legge un giornaletto e papà fuma la sua eterna sigaretta, nel corridoio. Chiara ascolta i discorsi di due anziani coniugi, che discutono tra loro a bassa voce.

Signora   Lui ha detto che sarebbe partito con noi, e invece non è venuto ...
Signore   Non avrà potuto, ecco tutto.
Signora   Non avrebbe dovuto dirlo.

Signore Sai bene che è così occupato, povero figlio.
Signora Questo lo so. Però farebbe bene a ricordare che ha dei doveri verso i suoi genitori.
Signore Anche tu dovresti avere più pazienza con lui. E poi, forse verrà domani: forse ci raggiungerà a Milano.
Signora Staremo a vedere. Comunque, penso che non dovremmo farci delle illusioni: non verrà. Vorrei solo sapere perché da qualche tempo si dimentica così spesso di noi ... Sai cosa ti dico? Scommetterei la testa che è quella Gianna che gli sta sempre dietro ...

Chiara è stanca delle lamentele della vecchia signora, e si alza e va a raggiungere il padre nel corridoio.

— A che ora arriveremo, papà?
— Tra un'ora.
— Papà ... come mi piacerebbe andare alla Scala, di sera ...
— Ci andrai, bambina. Aspetta solo qualche anno.
— Sì, io aspetto. Ma gli anni non passano mai ...

aspettare: aspett**erei**	**essere: sarei**
scendere: scend**erei**	**avere: avrei**
sentire: sent**irei**	

av**rei** voglia di farlo	av**remmo** voglia di farlo
av**resti** voglia di farlo	av**reste** voglia di farlo
av**rebbe** voglia di farlo	av**rebbero** voglia di farlo

26 Ventisei *Ventiseiesima lezione*

Una serata alla Scala

Dopo il primo atto del « Rigoletto » il foyer è subito gremito: è il momento della parata, delle critiche, dei commenti sulle toilettes delle signore. È un'occasione d'oro per le malelingue, un'occasione che vale tutta la serata.

    Carlo e Maria Conti, vicino al buffet, conversano. La signora Conti si guarda intorno e non sa nascondere un'aria di delusione.

Carlo Cos'hai? Mi sembri piuttosto delusa.
Maria Infatti. Se penso all'inaugurazione del 1959 ... quello sì che fu un vero e proprio avvenimento ...
Carlo Se non sbaglio, cantò la Callas ... la Callas dei tempi d'oro.
Maria Le toilettes erano favolose ...
Carlo Anche troppo.

Prima alla Scala

Maria Ecco, ricordo anche questo: tu eri scandalizzato. Avesti un'espressione piuttosto dura. Parlasti di « insulto alla miseria ».
Carlo È vero. Anzi, ebbi voglia di andarmene ...
Maria Devi riconoscere, però, che quella sera avemmo la sensazione di assistere a qualcosa di unico, di irripetibile ... E invece, guarda ora. Lo sfarzo è finito. Le signore sembrano vergognarsi di portare qualche piccolo diadema di brillanti e molti uomini sono appena vestiti di blu ...

---

ieri sera ho aspettato / aspett**ai** un amico
ieri sera hai aspettato / aspett**asti** un amico
ieri sera ha aspettato / aspett**ò** un amico
ieri sera abbiamo aspettato / aspett**ammo** un amico
ieri sera avete aspettato / aspett**aste** un amico
ieri sera hanno aspettato / aspett**arono** un amico

La donna è mobile
Qual piuma al vento,
Muta d'accento
E di pensiero.
Sempre un amabile
Leggiadro viso,
In pianto o in riso,
È menzognero.

È sempre misero
Chi a lei s'affida,
Chi le confida
Mal cauto il core!
Pur mai non sentesi
Felice appieno
Chi su quel seno
Non liba amore!

Giuseppe Verdi, Rigoletto.
Atto terzo. Scena seconda.

27 Ventisette *Ventisettesima lezione*

Un vino micidiale

La famiglia Conti è riunita intorno al tavolo d'un ristorante milanese. Il cameriere ha preso nota dei cibi ordinati e chiede al signor Conti quale vino desidera ordinare. Carlo Conti risponde: una bottiglia di EST EST EST.

Chiara Che vuol dire EST EST EST, papà?
Giorgio È latino, stupidella. Vuol dire È È È.
Carlo Non è esatto, Giorgio. In questo caso vuol dire: C'È C'È C'È.
Chiara Ma insomma, si può sapere cos'è che « c'è »?
Carlo Ecco. Ti racconterò l'aneddoto che ha dato origine al nome di questo famoso vino laziale. Un giorno, alla fine del '500, un vescovo tedesco e il suo servitore fecero un viaggio nel Lazio. Il vescovo, che era un uomo pratico, mandò avanti il servitore con l'ordine di fermarsi alle osterie di ogni cittadina e di scrivere col gesso sulla porta la parola EST (c'è) quando trovava del vino buono. A Montefiascone, cittadina a cento chilometri da Roma, il fedele servitore assaggiò un vino moscato che gli parve eccellente: en-

tusiasta, scrisse non una sola volta, ma tre volte, la parola convenuta. La mattina dopo il padrone sostò davanti all'osteria e lesse EST EST EST. Entrò, chiese da bere: l'oste si unì a lui per compiacere il forestiero, e insieme bevvero molti litri di quel vino. Ma mentre all'oste non accadde nulla, l'incauto viaggiatore si sentì male durante la notte, e morì.

Il servitore fece scrivere queste parole sulla sua tomba:

EST EST EST!
PROPTER NIMIUM EST
HIC IOANNES DE FOUCRIS
DOMINUS MEUS
MORTUUS EST

Est est est
a causa del troppo Est
qui Giovanni de Fugger
mio padrone
è morto

*28 Ventotto *Ventottesima lezione*

Dall'erbivendolo

Giovanni   Buon giorno, signora Conti ... è un po' di giorni che non la vedo, non mi avrà « messo le corna », spero ...

Maria   Ma no, Giovanni, che dice ... le pare che metto le corna all'erbivendolo più simpatico del quartiere? E poi, c'è solo lei: se non vengo qui a comprare frutta e verdura, dove vuole che vada?

Giovanni   Giusto. Che prendiamo, stamattina?

Maria   Vorrei ... un chilo di queste arance rosse ... sono proprio rosse?

Giovanni   Sanguinano, signora bella: come il mio cuore, quando la vedo ...

Maria   Stamane è più galante del solito, Giovanni. Ecco: due etti di questi ravanelli, qualche mela per mio marito ... come sono queste fave?

Giovanni   Di burro.

Maria   E questa lattuga?

Giovanni   L'è fresca come la su' pelle, signora Conti.

*29 Ventinove *Ventinovesima lezione*

Dal macellaio

Maria   Alberto, vorrei tre etti di manzo; ma bello, eh?
Altra signora   A me un filetto di vitello, senza osso e senza grasso.
Terza signora   Alberto, un chilo di carne tritata. Per favore, ho fretta ...
Quarta signora   Alberto, mi dà un osso buco? Ma lo voglio tenero, non come quello dell'altra volta, che ...
Quinta signora   Alberto, mezzo chilo di ...
Maria   Alberto, senta ...
Alberto   Calma, signore belle, calma! M'avete preso per la dea Kalì, quella che ci ha dieci braccia? Alberto qua, Alberto là ... Una alla volta, per carità. Ecco, signora Conti, i suoi tre etti di manzo. L'è bellino, sa? Proprio come piace a lei.
Maria   Grazie, Alberto.

*30 Trenta *Trentesima lezione*

Dal droghiere

Maria Buon giorno, « sora » Rosa.

Sora Rosa Buon giorno, signora Conti. In che posso servirla, stamattina?

Maria Vorrei ... vediamo. Un chilo di pane, per cominciare. Poi un chilo di pasta ... sì, quei « capellini d'angelo » vanno bene ... poi un panetto di burro, una scatola di formaggini ... sì, « Bel Paese », zucchero e caffè. È tutto, mi pare.

Sora Rosa Non dimentica niente, signora Conti?

Maria Ah, sì ... una scatola di polvere da lavare.

Sora Rosa « Ava Bucato »?

Maria Va bene. Non c'è altro. Aggiunga pure al conto.

Sora Rosa Benissimo, signora. Sono 5575 lire. Arrivederla, signora Conti.

Maria Arrivederla, « sora » Rosa.

31 Trentuno *Trentunesima lezione*

Riunione di famiglia

Firenze. La famiglia Conti è in salotto. Democraticamente vengono decisi i dettagli di un lungo viaggio da Firenze a Palermo.

Carlo   Come sapete, è stata da poco inaugurata l'Autostrada Firenze-Roma, che viene così a completare tutta l'Autostrada del Sole, MILANO–FIRENZE–ROMA–NAPOLI, per un totale di …

Giorgio   Settecentocinquantacinque chilometri!

Carlo   Precisamente. Dobbiamo ora decidere i dettagli del nostro viaggio da Firenze a Palermo. Ognuno di noi avanzerà la sua proposta; quella che avrà la maggioranza, sarà accettata da tutti. Comincio io: propongo di fare l'Autostrada fino a Napoli, con tappa di due giorni a Roma, quindi tappa a Napoli, e di nuovo in auto fino a Palermo.

Maria   Tutto in macchina?

Carlo   Questa è la mia proposta. Ora avanti, tocca a voi.

Chiara   A me piacerebbe fare un po' del viaggio in nave: non ho mai viaggiato in mare …

Giorgio   Io sono per l'aereo, possibilmente un jet, ma mi contenterei anche di un bimotore. Facciamo Napoli–Palermo via cielo.

Carlo   Uhm … mi pare un po' difficile metterci d'accordo …

Maria   Ecco la mia proposta. Firenze–Roma in auto, tappa di due giorni a Roma. Roma–Napoli, sempre sull'Autostrada. A Napoli si prende la nave per Palermo. Ritorno: aereo Palermo–Firenze.

Chiara   Sì! È bellissimo!

Giorgio   Brava, mamma! Auto, nave e aereo: perfetto!

Carlo   Un momento! E la macchina, dove la lasciamo?

Maria   A Napoli. Mio fratello Giovanni te la porterà a Firenze.

Chiara   Papà, ora dobbiamo votare: io sto per la proposta della mamma.

Giorgio   Anch'io. La mamma pure, quindi: tre voti contro uno, abbiamo la maggioranza. Papà, non puoi tirarti indietro, la nostra libera scelta è stata fatta, democraticamente.

Carlo   E va bene. La proposta è accolta. Come sempre, costa molto, essere democratici.

Chiudono la porta alle 9. — La porta **viene chiusa** alle 9.
Tutti accettano la proposta. — La proposta **è accettata da** tutti.

32 Trentadue *Trentaduesima lezione*

Sull'Autostrada del Sole (Firenze–Roma)

Maria   Carlo, ho l'impressione che tu abbia bevuto un po' più del necessario, al ristorante.
Carlo   Ah sì? E cosa te lo fa pensare?
Maria   Corri troppo.
Giorgio   Macché, mamma! Siamo appena sui centoventi all'ora ...
Maria   E ti pare poco?
Carlo   Poco no, ma neanche molto. Questa autostrada è un irresistibile invito alla velocità ...
Maria   La velocità porta lontano, Carlo. I cimiteri sono pieni di gente che aveva fretta e voleva arrivare prima.
Chiara   Mamma, mi fai rabbrividire ...!
Maria   Appunto: lo faccio apposta perché tuo padre sia più prudente.
Carlo   Questa autostrada è davvero splendida: senza dubbio è la più grande opera pubblica che sia stata mai realizzata in Italia.

Giorgio   Papà, è vero che, dopo gli Stati Uniti e la Germania, l'Italia è al terzo posto, per la rete autostradale?
Carlo   Non lo so, Giorgio. Non sono un lettore di statistiche come te, io ... Ma guardate che bel panorama!
Chiara   Papà, corri tanto che ... non si vede niente. Vai più piano ...
Giorgio   Ah le donne, che « fifone » ...
Carlo   E va bene. Facciamo finta che le donne abbiano ragione, eh, Giorgio? Andremo più piano: pensi che siano più tranquille, ora?
Giorgio   Vediamo ... novanta all'ora. Beh, non credo che tu sia disposto a cedere un chilometro di più, papà. Ne va del tuo onore di uomo e di sportivo!

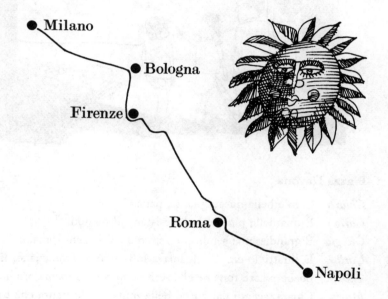

Non crede che **io sia** malato.	Non crede che **io abbia** paura.
Non crede che **tu sia** malato.	Non crede che **tu abbia** paura.
Non crede che **lui sia** malato.	Non crede che **lui abbia** paura.
Non crede che **siamo** malati.	Non crede che **abbiamo** paura.
Non crede che **siate** malati.	Non crede che **abbiate** paura.
Non crede che **siano** malati.	Non crede che **abbiano** paura.

33 Trentatre *Trentatreesima lezione*

Piazza Navona

Chiara Com'è bella questa piazza, papà!
Carlo È una delle più belle che esistano al mondo.
Giorgio È grandissima: sembra un circo degli antichi romani.
Carlo E infatti lo era. Si chiamava lo Stadio di Domiziano. È una delle poche piazze romane che serbino ancora la forma originale.
Maria Chiara, scendi dal bordo della fontana! Ho paura che tu faccia un passo falso.
Carlo Niente male. Oggi va di moda farsi il bagno nelle fontane di Roma. Pare che tutte le attrici di passaggio si sentano a loro agio solo nell'acqua di qualche fontana.
Maria Carlo, non dire sciocchezze. Si direbbe che tu creda a quello che dici.
Chiara Ma allora ... anche papà dice sciocchezze, come me!
Carlo Senti, tua figlia?

Maria	Chiara, ti ho detto mille volte che non devi metter bocca, quando tuo padre e tua madre parlano, capito? E ora andiamo.
Giorgio	Mi piacerebbe vivere a Roma. Invece ci fermiamo così poco, e chissà quanto tempo deve passare prima che possiamo tornarci.
Chiara	Papà, è vero che c'è una fontana, qui, che se uno ci butta una moneta poi ritorna a Roma?
Carlo	Così dicono. È una bella leggenda per i forestieri, Chiaretta. Una delle tante leggende della città più leggendaria del mondo.
Chiara	Perché non andiamo a vedere questa fontana? Papà, bisogna proprio che ci si va …
Carlo	Che ci si vada, Chiara. Devi avere più rispetto per il congiuntivo. E ora, via: a Piazza di Trevi!

Bisogna che **io aspetti**	che **io scenda**	che **io parta**
Bisogna che **tu aspetti**	che **tu scenda**	che **tu parta**
Bisogna che **lui aspetti**	che **lui scenda**	che **lui parta**
Bisogna che **aspettiamo**	che **scendiamo**	che **partiamo**
Bisogna che **aspettiate**	che **scendiate**	che **partiate**
Bisogna che **aspettino**	che **scendano**	che **partano**

34 Trentaquattro *Trentaquattresima lezione*

Giorgio e Chiara al Giardino zoologico

Chiara Corri, Giorgio! Abbiamo perso già abbastanza tempo con le scimmie. Vieni ...

Giorgio Chiara, vieni qui, non scappare. Sai bene che, se siamo potuti venire qui da soli, è tutto merito mio. Ma ho dovuto promettere a papà e a mamma che a te avrei badato io. Quindi, calmati: ho delle responsabilità su di te.

Chiara Ih, quante arie ti dai! Parli come un vecchio, mi pare di sentire papà.

Giorgio   Veramente, papà non è poi così vecchio ...
Chiara   Ma come! Se ha compiuto quarant'anni una settimana fa!
Giorgio   Mah, è inutile parlare con te, non capisci niente.
Chiara   Guarda quell'animale col collo lungo lungo! Sembra una giraffa.
Giorgio   È una giraffa.
Chiara   Come lo sai?
Giorgio   Lo so. E poi, guarda: c'è anche scritto lì.
Chiara   Una volta a scuola la maestra aveva disegnato una giraffa. Quando ebbe finito, io dissi: Oh, che bella gallina! — Lei ci rimase un po' male.
Giorgio   Cammina, chiacchierona. Abbiamo ancora molti animali da vedere.
Chiara   Ecco l'elefante! Ha il naso che gli è sceso fino a terra.
Giorgio   Si chiama proboscide, non naso, ignorante.
Chiara   Uffa, mi hai proprio seccato! Vuoi sapere tutto tu. Basta, me ne vado!
Giorgio   Chiara, vieni qui ... subito, piccola incosciente!

Sono partito.   **Ho potuto** farlo.   **Sono potuto** partire.

                                                           Ho potuto partire.

Aveva già finito.   Quando **ebbe finito,** partì per Roma.

35 Trentacinque *Trentacinquesima lezione*

Sull'Autostrada del Sole (Roma–Napoli)

Chiara Perché sull'autostrada ci passano solo le macchine e i camion?
Giorgio Perché due non fa tre. Se facesse tre, saresti la figlia del re.
Chiara Antipatico! ... Voglio dire che ... quelli che hanno i carretti, le moto, le biciclette, le vespe, dove passano?
Carlo Ci sono altre strade, Chiaretta. L'autostrada è una strada di lusso. Non hai visto, all'entrata? Abbiamo pagato il biglietto, come al cinema.
Chiara Non ci avevo fatto caso. Pensavo che non si pagasse niente.
Carlo In Francia, per esempio, non si paga. E neanche in Germania, e in nessun altro paese d'Europa.
Chiara Ma allora perché in Italia si paga?
Carlo Perché quest'opera è costata molto denaro, e noi dobbiamo provvedere a risarcire lo Stato, almeno per qualche anno.
Chiara Papà, se avessimo tanti soldi, la compreresti un'autostrada tutta per noi?
Maria Chiara, smettila di far domande stupide.
Carlo Lasciala dire. Se sapesse quello che dice, non avrebbe la sua età.
Maria È proprio per quello che parlo. È cresciuta, non ha più tre anni.
Giorgio Ho letto su un libro che i bambini hanno l'abitudine di crescere.
Chiara Invece tu non cresci per niente, sei piccolo come un nanetto ...
Giorgio Stupida, ti do uno schiaffo ...
Chiara Avanti, provaci ...!
Carlo Ora basta, ragazzi. Prima che nasceste voi s'era in due a discutere, vostra madre e io: ora non ci mancate che voi!

Bisognava che **io aspettassi**   che **io scendessi**   che **io partissi**
Bisognava che **tu aspettassi**   che **tu scendessi**   che **tu partissi**
Bisognava che **lui aspettasse**   che **lui scendesse**   che **lui partisse**
Bisognava che **aspettassimo**   che **scendessimo**   che **partissimo**
Bisognava che **aspettaste**   che **scendeste**   che **partiste**
Bisognava che **aspettassero**   che **scendessero**   che **partissero**

*36 Trentasei *Trentaseiesima lezione*

Napoli

Prima di lasciare Napoli, la famiglia Conti fa una passeggiata lungo la bella Via Caracciolo.

L'aria è « doce doce », come dicono qui; perfino Chiara avverte il fascino del momento e sembra disposta a rinunciare alle sue abituali monellerie. Ecco che da Mergellina comincia a venire una brezza leggera che increspa le onde del mare vicino; le prime « lampare » che si accendono lontano, in acqua, danno una strana impressione: è come se un'altra città fosse sorta d'incanto davanti a Napoli, e quasi viene il desiderio di andare a visitarla. Tutto questo sarà difficile da dimenticare.

Talvolta una città può apparire bella e vera come una creatura viva, e non si può fare a meno di sentire una suggestione diretta e misteriosa. È come se la natura si fosse presa una rivincita sull'uomo: le luci al neon dei negozi, le motorette ronzanti, gli autobus che traballano sul selciato, le macchine che ruggiscono sull'asfalto, le voci, gli strepiti, i frastuoni, e tutto ciò che fa di Napoli una città orgiastica, infernale, viene ad adagiarsi in una calma sospesa, soprannaturale. È la tregua, un armistizio firmato tra la natura e l'uomo.

Ma tutto questo dura poco. La guerra ricomincia, più rumorosa che mai, e si ha di nuovo paura di non riuscire a sopportare il chiasso, si pensa a fuggire via, si impara a diffidare di queste scomode meraviglie del mondo.

Santa Lucia

Sul mare luccica l'astro d'argento.
Placida è l'onda, prospero il vento.
Venite all'agile barchetta mia!
Santa Lucia, Santa Lucia!

O dolce Napoli! O suol beato,
ove sorridere volle il creato!
Tu sei l'impero dell'armonia!
Santa Lucia, Santa Lucia!

Con questo zeffiro così soave,
oh, com'è bello star sulla nave!
Su passeggieri, venite via!
Santa Lucia, Santa Lucia!

Or chè tardate? Bella è la sera,
spira un'auretta fresca e leggera.
Venite all'agile barchetta mia!
Santa Lucia, Santa Lucia!

37 Trentasette *Trentasettesima lezione*

Sulla nave da Napoli a Palermo

Chiara Ti sei divertito in piscina, Giorgio?
Giorgio No. Non mi sono divertito e non mi diverto.
Chiara Perché? Forse non ti senti bene?
Giorgio Chi ti ha detto che non mi sento bene?
Chiara Mah, non so. Hai una faccia così bianca che sembra lavata con « Ava Bucato » ...
Giorgio Chiaretta, perché non te ne vai un po' da un'altra parte? Ci sono tante cose da vedere, e ...
Chiara Ora sei cattivo, Giorgio. Ma ti perdono. Deve essere il mal di mare.
Giorgio Non ti sei accorta che mi dai fastidio, eh ...?
Chiara Va bene, va bene. Non ti arrabbiare. Uh, guarda laggiù, quella terra grande grande ...
Giorgio È la Sicilia.

Chiara La Sicilia! Ma allora siamo vicini! Quand'è che ci riposeremo un po' dopo tutto questo mare? Sono un po' stanca. Però, mi sento benissimo. Invece tu, poverino ...
Giorgio Ancora?
Chiara Oh, scusa. Non ti ci devo far pensare, hai ragione. Fai così, chiudi gli occhi, così non vedi ... Guarda! Cos'è quel fumo nero che si alza da quella montagna?
Giorgio Dove? Ah, laggiù ... Strano. Forse è l'Etna, il Vulcano della Sicilia.
Chiara Che dici, sarà pericoloso?
Giorgio Macché. Comunque, preferisco il fuoco dell'Etna a questo mare maledetto ... Mi vien voglia di gettarmi in acqua.
Chiara Io non lo farei, se fossi in te. Ti ricordi, quella volta a Viareggio? Volesti tuffarti dalla barca e per poco non affogavi ...
Giorgio Ora basta, fila via!
Chiara Ma perché, che ho detto? Mah, brutta cosa il mal dire mare ...

L'Etna

*38 Trentotto *Trentottesima lezione*

La Sicilia e i siciliani

Giornalista Lei è mai stato in Sicilia, signor Conti?
Carlo Conti No, questo è il mio primo viaggio nell'isola. E lei la conosce bene?
Giornalista Credo di sì. Ho scritto una serie di articoli sui problemi siciliani.
Carlo Conti Ah sì? Molto interessante. Mi piacerebbe sentire le sue opinioni in proposito.
Giornalista Volentieri. Vede, a me pare che uno dei fatti più notevoli del dopoguerra sia il mutamento di carattere dei siciliani. Parlando dei siciliani, però, è bene tenere presente un vecchio luogo comune, quello che vuole l'antica Trinacria divisa in due fasce: la Sicilia orientale, industriosa, bizantina, lavoratrice, che non si affida alla violenza, insomma la Sicilia astuta e saggia di Ulisse, e la Sicilia occidentale, la Sicilia della mafia e del banditismo, la Sicilia violenta di Ajace. Andando verso occidente, da Messina a Palermo, tra le campagne fertili e bene ordinate, non solo un atto di violenza ma un furto è raro. Tuttavia, anche le zone più arretrate si vanno adeguando alla nuova realtà, e la distinzione tende a scomparire. È un fatto: i siciliani sono oggi molto cambiati. Nascono industrie, il petrolio rinvenuto a Trapani è una grande realtà, il livello medio della disoccupazione si va abbassando. La Sicilia guarda al Nord con ammirazione: questa è la realtà, caro signor Conti. Non mi sembra esagerato affermare che oggi la Sicilia appare all'avanguardia nella trasformazione del Sud.

39 Trentanove *Trentanovesima lezione*

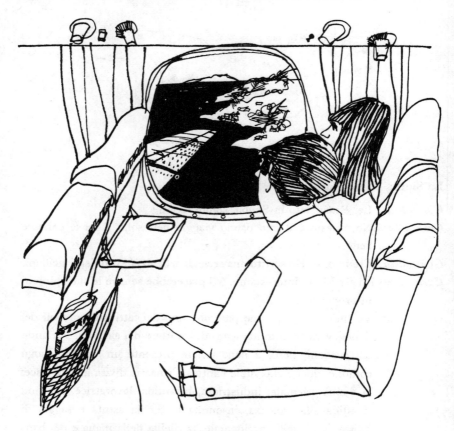

Sull'aereo Palermo–Firenze

Chiara   Papà, cosa sono i vuoti d'aria?
Carlo   I vuoti d'aria? ... Ecco, hai sentito come ha fatto l'aereo, proprio ora? Ebbene, quello era un vuoto d'aria.
Chiara   Brrr, che paura ... Sembra di stare sulle montagne russe.
Giorgio Solo che le montagne russe sono meno pericolose.
Maria   Giorgio, smettila di spaventare tua sorella.
Carlo   La mamma ha ragione, Giorgio. Devi essere più cavalleresco con tua sorella.
Chiara   Ma che cavalleresco ... lui è soltanto manesco!
Maria   Quando arriveremo, Carlo?

Carlo	Tra una ventina di minuti. Vedi, laggiù? Siamo in pieno Tirreno, tra la Sardegna e le coste del Lazio. È una giornata limpidissima: se aguzzi gli occhi puoi vedere delle puntine nere, in mare. Sono le isole Ponziane. E più a nord, si vede anche l'Isola d'Elba. Tra poco l'aereo comincerà a deviare verso l'entroterra.
Chiara	Che peccato. Il nostro bel viaggio sta per finire.
Carlo	Bello era bello. Un po' costoso, però.
Maria	Valeva la pena. Tornati a casa, faremo delle economie.
Carlo	Mah, crediamoci ... Però sono un po' preoccupato per la macchina; speriamo che tuo fratello me la riporti tutta intera.
Maria	Mio fratello guida molto bene, non hai ragione di essere preoccupato ...
Carlo	Se penso a quella volta che andò in Germania e la macchina la riportò indietro il carro-attrezzi ...
Maria	Ora sei ingiusto. Sai bene che fu un malaugurato incidente, lui non aveva colpa. E poi, Giovanni è molto più prudente di te ...
Carlo	Ah, questa! Non ho mai fracassato una macchina come ha fatto lui, io ... Al più, qualche ammaccatura ...
Maria	Chiamala ammaccatura! Quella volta, sulla Roma–Firenze, dovemmo lasciarla per una settimana da un carrozziere ...
Carlo	Fu colpa del sole ...
Maria	Ma se c'era la luna!
Carlo	No, la luna c'era quando scontrai sulla Milano–Torino ...
Chiara	Mah. Papà e mamma ricominciano a litigare. Siamo proprio a casa.

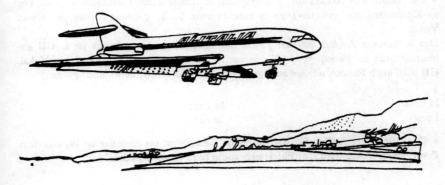

Kurzgrammatik

Die folgenden Regeln beziehen sich auf die Sprache der Toskana, wo nach allgemeiner Auffassung das reinste Italienisch gesprochen wird. Die Sprache der Toskana unterscheidet sich nicht nennenswert von dem Italienisch, das in den anderen Gebieten nördlich von Rom gesprochen wird.

ARTICOLI · ARTIKEL

1 Articolo indeterminativo · Der unbestimmte Artikel

un libro	**una** casa
un amico	**un'**ora
uno studente	
uno zero	
uno sciopero	
uno psicologo	

- Der unbestimmte Artikel für das männliche Geschlecht ist **un**. **Uno** wird gebraucht vor *s*+Konsonant, *z-*, *sci- (sce-), ps-*.
- Der unbestimmte Artikel für das weibliche Geschlecht ist **una**. Vor einem Vokal gebraucht man **un'**.

2 Articolo determinativo · Der bestimmte Artikel

1

il libro	**i** libri
lo studente	**gli** studenti
lo zero	**gli** zeri
lo sciopero	**gli** scioperi
lo psicologo	**gli** psicologhi
l'amico	**gli** amici

- Der bestimmte Artikel für den Singular des männlichen Geschlechts ist **il**. Vor *s*+Konsonant, *z-*, *sci- (sce-), ps-* gebraucht man **lo**. **L'** gebraucht man vor einem Vokal.

Der bestimmte Artikel für den Plural des männlichen Geschlechts ist **i**. **Gli** gebraucht man im Plural vor *s*+Konsonant, *z-*, *sci (sce-), ps-* und vor einem Vokal. **Gli** wird auch für den unregelmäßigen Plural von *dio* (Gott) gebraucht: *gli dei*.

2

la casa	**le** case
l'ora	**le** ore

- Der bestimmte Artikel für das weibliche Geschlecht im Singular ist **la**, aus dem **l'** vor einem Vokal wird. Im Plural gebraucht man in allen Fällen **le**.

Articolo composto · Präpositionen mit dem bestimmten Artikel

Präpositionen werden mit dem bestimmten Artikel wie folgt zusammengezogen:

	il	lo	l'	la	i	gli	le
a	al	allo	all'	alla	ai	agli	alle
da	dal	dallo	dall'	dalla	dai	dagli	dalle
di	del	dello	dell'	della	dei	degli	delle
in	nel	nello	nell'	nella	nei	negli	nelle
su	sul	sullo	sull'	sulla	sui	sugli	sulle

- *Con* wird recht häufig mit dem bestimmten Artikel zu *col* verbunden, *per* geht diese Verbindung selten ein.

Der Teilungsartikel

Vorrei **del** vino.
Posso avere **dei** francobolli (Briefmarken)?
Avete gironali tedeschi?

- Der Teilungsartikel *del*, *dello* usw. bezeichnet eine unbestimmte Menge als Teil eines Ganzen. In diesem Sinn steht das Substantiv jedoch wie im Deutschen oft auch ohne Artikel.

Uso degli articoli · Die Anwendung der Artikel

1
Ecco la signora Conti.
Buongiorno, signora Conti.

- Vor *signor(e)*, *signora* und *signorina* + Eigenname wird immer der bestimmte Artikel gebraucht, außer in der Anrede.

2
Carlo è in giardino.
Maria è in cucina.
Vanno a scuola.

- Nach den Präpositionen *in* und *a* wird der bestimmte Artikel oft weggelassen.

SOSTANTIVI · SUBSTANTIVE

5 Genere · Geschlecht

1

il libro   il canale (Kanal)
il motore (Motor)   il cortile (Hof)

- Substantive, die auf **-o** enden, sind männlich außer: *la mano, la moto, la radio*.

Viele der auf **-e** endenden Substantive sind ebenfalls männlich, vor allem solche auf **-ore, -ale, -ile**.

2

la casa   la lezione

- Substantive, die auf **-a** enden, sind weiblich außer: *il papa* (Papst), *il poeta, il problema* und andere Wörter griechischen Ursprungs. Viele der auf **-e** endenden Substantive sind weiblich, vor allem solche auf **-ione**. Manche grammatikalisch weiblichen Substantive haben männliche Bedeutung, z. B.: *la guida* (Führer), *la guardia* (Wache, Polizist), *la spia* (Spion).

6 PLURALE · PLURALFORMEN

	-i		-e		—
libro	libri	casa	case	città	città
fiore	fiori			film	film
papa	papi				

- Substantive, die auf **-o** oder **-e** enden und männliche Substantive auf **-a** bilden den Plural auf **-i**.
- Alle weiblichen Substantive auf **-a** bilden den Plural auf **-e**.

Substantive, die mit einem betonten Vokal enden, haben keine eigene Pluralendung.

Ausnahmen

1

il dito (Finger) — le dita   il braccio — le braccia

- Einige Substantive (vor allem solche, die Körperteile bezeichnen) haben einen weiblichen Artikel im Plural, enden aber auf **-a**.

2

specchio — specchi   esempio — esempi

- Substantive auf **-io** mit unbetontem **-i** bilden den Plural auf **-i**.

3

fuoco — fuochi   'medico — 'medici [ɛ] (Arzt)

- Substantive auf **-co**, die auf der vorletzten Silbe betont werden, bilden den Plural auf **-chi** (Ausnahme: *amico — amici*). In den anderen Fällen lautet die Pluralendung **-ci**.

4

Einige Substantive bilden einen völlig unregelmäßigen Plural, z. B. *uomo — uomini*.

AGGETTIVI · ADJEKTIVE

Formazione del femminile e del plurale · Bildung der weiblichen Form und des Plurals

	Singular	Plural
Maskulinum Femininum	libro rosso casa rossa	libri rossi case rosse
Maskulinum Femininum	libro verde casa verde	libri verdi case verdi

- Nur Adjektive auf **-o** haben eine eigene weibliche Endung. In allen Fällen gelten die gleichen Regeln wie für die Pluralbildung der Substantive.

Sonderfälle

1
med**io** — med**i**
vecch**io** — vecch**i**

- Adjektive auf **-io** mit unbetontem **-i-** bilden den Plural auf **-i**.

2
anti**co** — anti**chi**
u'ni**co** — uni**ci**

- Adjektive auf **-co**, die auf der vorletzten Silbe betont werden, bilden den Plural auf **-chi**. In den anderen Fällen lautet die Pluralendung **-ci**.

Unregelmäßige Adjektive
(Stellung vor dem Substantiv s. S. 83)

1
un **buon** padre
un **buono** zio
una **buon'**amica

- **Buono** wird im Singular wie **uno** gebeugt (s. S. 78).

2
un **bel** libro   due **bei** libri
un **bell'**albero   due **begli** alberi
un **bello** specchio   due **begli** specchi

- **Bello** wird im Singular wie **dello** gebeugt (s. S. 79).

3
un **grand'**albergo [ɛ] (Hotel)
un **gran** museo [zɛ]

- **Grande** verliert im Singular oft das Endungs-*e* vor einem Vokal. Vor einem Konsonant wird es verkürzt zu **gran** (außer vor *s*+Konsonant, *z-*, *sci-* (*sce-*), *ps-*).

4
San Pietro	**Santo** Stefano	**Sant'**Antonio	**Sant'**Anna

- **Santo** wird vor einem Konsonanten zu **San,** außer vor *s*+Konsonant usw. **Santo** und **Santa** verlieren ihren Endungsvokal vor einem folgenden Vokal.

8 Gradi di paragone · Steigerung der Adjektive

Regelmäßige Steigerung

Positiv	Komparativ	Superlativ
caro	più caro	il più caro
	meno caro	il meno caro

Unregelmäßige Steigerung

buono	**migliore**	il **migliore**
cattivo	**peggiore**	il **peggiore**
grande	**maggiore**	il **maggiore**
piccolo	**minore**	il **minore**

- **Buono** und **cattivo** bilden einen regelmäßigen Komparativ und Superlativ, wenn sie sittliche Eigenschaften von Menschen bezeichnen. **Maggiore** und **minore** werden auch als Substantive gebraucht und bedeuten „der Ältere, der Älteste" bzw. „der Jüngere, der Jüngste".

Der Artikel beim Superlativ

Ecco **il più** caro libro.
Ecco **il** libro **più** caro.

- Wenn der Superlativ einem Substantiv folgt, das schon einen bestimmten Artikel hat, ist kein eigener bestimmter Artikel erforderlich.

„Als" nach dem Komparativ
Luigi è più bravo **di** Giorgio.
Laura è più bella **che** intelligente.
È più bravo oggi **che** ieri.

- **Di** wird gebraucht beim Vergleich von Personen oder Sachen. **Che** wird gebraucht, wenn zwei verschiedene Eigenschaften derselben Person oder Sache miteinander verglichen werden und vor Adverbien.

Superlativo assoluto • *Der absolute Superlativ*

bello — bell**issimo** buono — buon**issimo**/**ottimo**
grande — grand**issimo** cattivo — catti**vissimo**/**pessimo** ['pessimo]

- Der absolute Superlativ entspricht deutschen Ausdrücken mit „sehr". **Buono** und **cattivo** haben zwei Formen des absoluten Superlativs.

Il posto dell'aggettivo · Die Stellung des Adjektivs

Ecco una **tavola nera**. Ecco una **piccola strada**.
Ecco una **signora tedesca**. Ecco un **vecchio cane**.
  Ecco una **giovane attrice**.

- Betonte Adjektive und solche, die eine Farbe oder Nationalität bezeichnen, werden dem Substantiv nachgestellt.
Die gebräuchlichsten (wie *buono, cattivo, nuovo*) und unbetonte Adjektive werden dem Substantiv vorangestellt.

AVVERBI · ADVERBIEN

Es gibt im Italienischen zwei Arten von Adverbien: solche, die nicht unmittelbar von Adjektiven abgeleitet sind (wie *qui, adesso, male*) und unmittelbar von Adjektiven abgeleitete.

lieto — liet**amente**
probabile — probabil**mente**
particolare — particolar**mente**

- **-mente** ist eigentlich ein weibliches Substantiv mit der Bedeutung „Geist". Deshalb wird zur Bildung des Adverbs die weibliche Form des Adjektivs benutzt. Endet ein Adjektiv auf *-le* oder *-re*, entfällt das Endungs-*e*.
- Die Steigerungsformen der Adverbien werden wie bei den Adjektiven mit *più* oder *meno* gebildet. Die folgenden Adverbien werden unregelmäßig gesteigert:

Positiv	*Komparativ*	*Superlativ*
bene	meglio	il meglio
male	peggio	il peggio

NUMERALI · ZAHLWÖRTER

11 Cardinali · Kardinalzahlen   Ordinali · Ordinalzahlen

0	zero		
1	uno	1°	primo
2	due	2°	secondo
3	tre	3°	terzo
4	quattro	4°	quarto
5	cinque	5°	quinto
6	sei	6°	sesto
7	sette	7°	settimo
8	otto	8°	ottavo
9	nove	9°	nono
10	dieci	10°	decimo
11	undici	11°	undicesimo
12	dodici	12°	dodicesimo
13	tredici	13°	tredicesimo
14	quattordici	14°	quattordicesimo
15	quindici	15°	quindicesimo
16	sedici	16°	sedicesimo
17	diciassette	17°	diciassettesimo
18	diciotto	18°	diciottesimo
19	diciannove	19°	diciannovesimo
20	venti	20°	ventesimo
21	ventuno	21°	ventunesimo
22	ventidue	22°	ventiduesimo
23	ventitrè	23°	ventitreesimo
28	ventotto	28°	ventottesimo
30	trenta		etc.
31	trentuno		
32	trentadue		
33	trentatrè		———
38	trentotto		
40	quaranta	180	cento ottanta
50	cinquanta	200	duecento
60	sessanta	202	duecento due
70	settanta	1000	mille
80	ottanta	1500	millecinquecento
90	novanta	1965	millenovecentosessantacinque
100	cento	2000	due mila
101	centouno	100 000	cento mila
102	cento due	1 000 000	un milione
		2 000 000	due milioni

1
un libro — una casa
mille lire — tremila lire
un milione di lire — due milioni di lire

• Nur die hier genannten Zahlwörter haben eine eigene Endung für das weibliche Geschlecht bzw. für den Plural.

2
ventun libri
ventun lettere

• Der Endungsvokal von *ventuno, trentuno* usw. entfällt vor einem folgenden Substantiv.

3
il '200 (il **Duecento**) das dreizehnte Jahrhundert
nel '900 (nel **Novecento**) im zwanzigsten Jahrhundert
nel 1965 (im Jahr) 1965

• Wenn es sich um Jahrhunderte handelt, wird *mille* oft weggelassen.
In + bestimmter Artikel wird gebraucht, um das Jahr zu bezeichnen, in dem ein Ereignis stattfand.

4
Parte il **due** marzo.
Torna il **primo** aprile.

• Bei der Datumsangabe gebraucht man die Kardinalzahlen, außer beim Ersten eines Monats.

5
Partono **tutti e due**.
Restano **tutti e tre**.

• Das deutsche „beide" und „alle drei", „alle vier" usw. wird übersetzt mit **tutti** (**tutte**) gefolgt von *e* und dem entsprechenden Zahlwort.

6
ogni due giorni
ogni tre mesi

• „Jeder zweite —", „jeder dritte —" usw. wird übersetzt mit *ogni* + der entsprechenden Kardinalzahl + dem dazugehörigen Substantiv im Plural (vgl. **ogni giorno** — jeder Tag).

7
una **ventina** di libri
un **centinaio** di biglietti
centinaia di biglietti

• Ausdrücke wie „circa zwanzig" oder „rund hundert" werden übersetzt durch Anhängen der Nachsilbe **-ina** bzw. bei Zahlen über 100 **-aio** (*Pl.* **-aia**) an die Kardinalzahl, z. B. *centinaio, migliaio, migliaia* (Tausende).

PRONOMI · PRONOMEN

12 Pronomi personali · Personalpronomen

	Singular	Plural
1. Pers.	io	noi
2. Pers.	tu	voi
3. Pers. m	lui, egli, esso	loro, essi
3. Pers. f	lei, ella, essa	loro, esse

Forme del soggetto • *Unverbundene (selbständige) Pronomen*

- Unverbundene Pronomen werden gewöhnlich nur zur besonderen Hervorhebung benutzt. Alle Formen außer *esso* können in Bezug auf Personen benutzt werden; **esso, essa, essi** und **esse** beziehen sich auf Sachen. Im gesprochenen Italienisch werden **lui, lei, loro** den Formen von **esso,** die mehr der Literatursprache angehören, vorgezogen.

Formen der Anrede

(Tu) come ti chiami?
(Voi) come vi chiamate?
(Lei) come si chiama?

- **Tu** (*Pl.* **voi**) entspricht dem familiären Umgangston.
- **Lei** (*Pl.* **loro**) sind die Formen der höflichen Anrede. (In Briefen usw. bedient man sich hier der Großschreibung.)

Loro wird in jüngster Zeit vorwiegend zur Anrede von Kunden im Geschäft gebraucht und wird in der Umgangssprache durch *voi* ersetzt, was nicht die gleiche Vertraulichkeit beinhaltet wie *tu*. *Voi* wird ebenfalls in politischen Reden und in Geschäftsbriefen benutzt.

Forme del complemento • *Das verbundene Pronomen*

	Unbetont					Betont		
	Singular Dat.	Akk.	Plural Dat.	Akk.	Refl.	Singular	Plural	Refl.
1. Pers.	mi		ci			me	noi	
2. Pers.	ti		vi			te	voi	
3. Pers. m	gli	lo	gli	li	si	lui	loro	sé
3. Pers. f	le	la	gli	le	si	lei	loro	sé

Verbindung zweier unbetonter, verbundener (in Verbindung mit einem Verb stehender) Pronomen

$$\text{mi} > \text{me (te usw.)} \begin{cases} \text{lo} \\ \text{la} \\ \text{li} \\ \text{le} \end{cases} \qquad \begin{matrix} \text{gli} \\ \text{le} \end{matrix} > \text{glie-} \begin{cases} \text{lo} \\ \text{la} \\ \text{li} \\ \text{le} \end{cases}$$

(Ha un libro.) **Me lo** dà. (Er gibt es mir.)
(Ha un libro.) **Glielo** dà. (Er gibt es ihm, ihr, ihnen.)

Vor den Akkusativformen der 3. Person *lo, la, li, le* und dem Adverbialpronomen *ne* treten folgende Veränderungen ein:

1 *mi, ti, ci, vi, si* > *me, te, ce, ve, se.*
2 *gli, le* > **glie-**.

Stellung und Gebrauch der unbetonten Formen

1
Glielo dice.	Er sagt es ihm (ihr, ihnen).
Ce lo domanda.	Er fragt es uns.
Me lo dica!	Sagen Sie es mir!
Lo dice **loro**.	Er sagt es ihnen.

• Die unbetonten Formen stehen vor dem Verb. *Loro* „ihnen" (gleiche Bedeutung wie *gli*, das — ursprünglich nur für den Singular gebraucht — zunehmend auch im Plural Verwendung findet) wird dem Verb nachgestellt.

2
Ditemelo!	Sagt es mir!
Eccolo!	Da ist er (es)!
Dettolo, partì.	Nachdem er das gesagt hatte, reiste er ab.
Dicendolo, partì.	Mit diesen Worten reiste er ab.
	(Das sagend, reiste er ab.)
Non **dirmelo**, Laura!	Sag (mir) das nicht, Laura!
Non posso **dirlo**.	Ich kann das nicht sagen.

• Das unbetonte Pronomen wird an den Imperativ (mit Ausnahme der 3. Person Singular und Plural, vgl. 1) und an **ecco** angehängt; ebenso an das Partizip Perfekt, das Gerundium oder den Infinitiv, auch wenn dieser als Imperativ benutzt wird: z. B. *Non toccarlo!*

Stellung und Gebrauch der betonten Formen

Vedo **te** ma non **lui**.	Ich sehe dich, aber ihn nicht.
Lo dice a **te**.	Er sagt das dir.
Andiamo da **me**.	Gehen wir zu mir.
Tu non sei **me**.	Du bist nicht ich.
Povero **me**!	Ich Armer!

• Die obengenannten Formen werden gebraucht, wenn auf dem Pronomen eine besondere Betonung liegt. Sie finden ebenfalls Verwendung nach Präpositionen oder in Ausrufen.

13 Le particelle *ci* e *ne* · Die Adverbialpronomen *ci* und *ne*

Vado **a Roma**. **Ci** vado.
Fugge (er flieht) **dalla prigione** (Gefängnis). **Ne** fugge.
Penso **a Roma**. **Ci** penso.
Parla **di Luigi**. **Ne** parla.

- Die Hauptbedeutung von **ci** ist „dort", „dorthin" und von **ne** „von dort", „von dorther". **Ci** bezieht sich auf eine Konstruktion mit *in* oder *a*, **ne** auf eine Konstruktion mit *di* oder *da*. Für die Stellung von **ci** und **ne** gelten die Regeln für Personalpronomen.
- Bei Verben, auf die die Präpositionen *a*, *in*, *di* oder *da* folgen, ersetzen **ci** und **ne** *a (di) lui, a (di) lei, a (di) loro* usw.

14 Pronomi possessivi · Possessivpronomen

Singular Maskulinum	Singular Femininum	Plural Maskulinum	Plural Femininum
mio	mia	miei	mie
tuo	tua	tuoi	tue
suo	sua	suoi	sue
nostro	nostra	nostri	nostre
vostro	vostra	vostri	vostre
loro	loro	loro	loro

Gebrauch des Artikels mit dem Possessivpronomen

1
Ecco **la mia** casa.
Quella casa è **mia**.

- Das Possessivpronomen wird in der Regel mit dem Artikel gebraucht. Es steht normalerweise zwischen Artikel und Substantiv, wird also wie ein Adjektiv behandelt und richtet sich in Geschlecht und Zahl nach dem zugehörigen Substantiv. Steht es selbständig nach *essere*, fällt der Artikel gewöhnlich weg.

2
Ecco **mio padre**.   Ecco **i miei fratelli**.
Ecco **mia madre**.   Ecco **il loro padre**.
Ecco **mio marito**.

- Steht das Possessivpronomen bei Verwandtschaftsbezeichnungen im Singular (einschließlich *marito* und *moglie*), entfällt der Artikel. Bei Verwandtschaftsbezeichnungen im Plural und bei *loro* (im Singular und im Plural) ist jedoch der Artikel immer erforderlich.

Pronomi dimostrativi · Demonstrativpronomen

Das verbundene (vor einem Substantiv stehende) und das unverbundene (alleinstehende) Demonstrativpronomen

1
Questa lettera è mia.   **Questa** non è tua.
Quella lettera è tua.   **Quella** è sua.

- **Questo** (dieser, dieses) und **quello** (jener, jenes) werden wie gewöhnliche Adjektive gebeugt, wenn sie als unverbundene Demonstrativpronomen gebraucht werden. Als verbundenes Demonstrativpronomen wird *quello* wie *dello* (s. S. 79) gebeugt: *quel libro, quei libri* usw. **Codesto** (dieser, dieses) wird hauptsächlich in der Toskana gebraucht.

2
Il mio cappello è bianco. **Quello** di Luigi è rosso.
I miei capelli sono neri. **Quelli** di mio padre sono bianchi.

- **Quello** usw. wird im Italienischen auch dort benutzt, wo die Besitzverhältnisse im Deutschen durch einen betonten Genitiv zum Ausdruck gebracht werden: z.B. „Mein Hut ist weiß, Luigi's ist rot."

Ausschließlich unverbundene Demonstrativpronomen

Costui, costei, costoro
Colui, colei, coloro
ciò

- **Costui, colui** beziehen sich auf Personen und werden in der italienischen Umgangssprache oft durch *questo, quello* ersetzt. **Ciò** (das, dieses) wird oft durch *questo, quello* ersetzt.

Pronomi relativi · Relativpronomen

1
La donna **che** canta è tedesca.
Il libro **che** leggo è inglese.

- **Che** ist das Relativpronomen für Menschen und für Dinge. Es ist gleichbleibend im Singular und im Plural, im Nominativ und im Akkusativ.

2
La donna **a cui** penso è francese.
Il libro **di cui** parlo è inglese.

- Das Relativpronomen **cui** wird nach Präpositionen gesetzt, die im Italienischen u. a. den Genitiv (*di*) und den Dativ (*a*) kennzeichnen.

Pronomi interrogativi · Interrogativpronomen

1
Chi parla?
A chi pensa?

- **Chi** (wer) bezieht sich auf Personen, wird für beide Geschlechter, im Singular und Plural und nach Präpositionen gebraucht.

2
Che vuole?   **Cosa** vuole?
Che cosa vuole?   **A che** pensa?

- **Che** (was) bezieht sich auf Sachen und wird wie *chi* für beide Geschlechter, im Singular und Plural und nach Präpositionen gebraucht. Vor einem Substantiv stehend bedeutet es „was für ein", z. B. *che libro è questo?* Oft benutzt man auch statt **che** *che cosa* oder *cosa*.

3
Quanto costa?   **Qual** è il nome?
Quanti libri ci sono?   **Quale** nome?

- **Quanto** (wieviel, wie viele) und **quale** (welcher, welche, welches) können als verbundene (vor einem Substantiv stehende) und als unverbundene Interrogativpronomen auftreten.

18 Pronomi indefiniti · Indefinitpronomen

Verbundene Indefinitpronomen
Ogni giorno
Qualche volta

- **Ogni** (jeder, jede, jedes) und **qualche** (einige) sind unveränderlich und werden stets mit einem Substantiv im Singular verbunden.

Unverbundene Indefinitpronomen
1
Ognuno lo sa.
Qualcuno è arrivato?

- **Ognuno** (jeder) und **qualcuno** (irgend jemand) sind ebenfalls unveränderlich. Ihnen folgt ein Verb im Singular.

2
Qualcosa è accaduto?
Niente è accaduto.
Non è accaduto **niente**.
Non ho visto **nulla**.

- **Qualcosa** (etwas), **niente** und **nulla** (nichts) werden als männliche Formen behandelt. Wenn **niente** oder **nulla** dem Verb folgen, wird **non** vor das Verb gesetzt.

Verbundene und unverbundene Indefinitpronomen
Ha letto **alcuni** libri italiani.   **Nessuno** lo dice.
Alcuni lo dicono.   **Non** lo dice **nessuno**.
                                       Non legge **nessun** libro.

- **Alcuni, alcune** (einige) haben die gleiche Bedeutung wie *qualche*, stehen aber mit einem Substantiv im Plural.

- **Nessuno** (niemand) wird wie *uno* gebeugt. Wenn **nessuno** einem Verb folgt, wird **non** vor das Verb gesetzt.

VERBI · VERBEN

Ausiliari · Hilfsverben

INFINITO • INFINITIV

avere	**essere**

PRESENTE INDICATIVO • INDIKATIV PRÄSENS

ho	sono
hai	sei
ha	è
abbiamo	siamo
avete	siete
hanno	sono

IMPERFETTO INDICATIVO • INDIKATIV IMPERFEKT

avevo	ero
avevi	eri
aveva	era
avevamo	eravamo
avevate	eravate
avevano	erano

PASSATO REMOTO • HISTORISCHES PERFEKT

ebbi	fui
avesti	fosti
ebbe	fu
avemmo	fummo
aveste	foste
ebbero	furono

FUTURO • FUTUR

avrò	sarò
avrai	sarai
avrà	sarà
avremo	saremo
avrete	sarete
avranno	saranno

CONDIZIONALE • KONDITIONAL

avrei	sarei
avresti	saresti
avrebbe	sarebbe
avremmo	saremmo
avreste	sareste
avrebbero	sarebbero

PRESENTE CONGIUNTIVO • KONJUNKTIV PRÄSENS

abbia	sia
abbia	sia
abbia	sia
abbiamo	siamo
abbiate	siate
abbiano	siano

IMPERFETTO CONGIUNTIVO • KONJUNKTIV IMPERFEKT

avessi	fossi
avessi	fossi
avesse	fosse
avessimo	fossimo
aveste	foste
avessero	fossero

IMPERATIVO • IMPERATIV

abbi!	sii!
abbia!	sia!
abbiamo!	siamo!
abbiate!	siate!
abbiano!	siano!

GERUNDIO • GERUNDIUM

avendo	essendo

PARTICIPIO PRESENTE • PARTIZIP PRÄSENS

avente	—

PARTICIPIO PASSATO • PARTIZIP PERFEKT

avuto	stato

PASSATO PROSSIMO • PERFEKT

ho avuto usw.	sono stato usw.

TRAPASSATO PROSSIMO • PLUSQUAMPERFEKT

avevo avuto usw.	ero stato usw.

TRAPASSATO REMOTO • PLUSQUAMPERFEKT II

ebbi avuto usw.	fui stato usw.

FUTURO ANTERIORE • FUTUR II

avrò avuto usw.	sarò stato usw.

CONDIZIONALE PASSATO • KONDITIONAL II

avrei avuto usw.	sarei stato usw.

Uso degli ausiliari · Gebrauch der Hilfsverben

1
Ho comprato un libro.
Hanno scritto una lettera.

- Transitive Verben (Verben, die ein Akkusativobjekt nach sich ziehen) bilden die zusammengesetzten Zeiten immer mit *avere*.

2
Mi sono divertito molto.
Si è vestita di bianco.

- Reflexive Verben bilden die zusammengesetzten Zeiten immer mit *essere*.

3
Sono tornato ieri.
Sono andato a piedi.
Ho camminato molto oggi.

- Verben der Bewegung bilden die zusammengesetzten Zeiten gewöhnlich mit *essere*. Ausnahmen: *passeggiare, camminare, viaggiare, ballare, girare*.

4
È diventato prete.
Sono nati a Roma.
È morta un anno fa.

- Verben, die die Veränderung eines Zustandes bezeichnen, werden mit *essere* gebeugt.

5
Mi è sembrato molto strano.
È piovuto stanotte.
Ha piovuto molto.

- Unpersönliche Verben werden mit *essere* gebeugt. Die zusammengesetzten Zeiten der das Wetter betreffenden Verben können jedoch auch mit *avere* gebildet werden.

6
Non **sono potuto** venire. Non **ho potuto** venire.
Non **ho voluto** andarci. Non **sono voluto** andarci.

- Die Modalverben *potere, volere* und *dovere* verschmelzen so eng mit dem folgenden Verb im Infinitiv, daß sie auch das zu diesem gehörende Hilfszeitwort übernehmen können.

21 Verbi regolari · Regelmäßige Verben

I. Konjugation	II. Konjugation	III. Konjugation	

INFINITO • INFINITIV

portare	vendere	partire	spedire

PRESENTE INDICATIVO • INDIKATIV PRÄSENS

porto	vendo	parto	spedisco
porti	vendi	parti	spedisci
porta	vende	parte	spedisce
portiamo	vendiamo	partiamo	spediamo
portate	vendete	partite	spedite
portano	vendono	partono	spediscono

IMPERFETTO INDICATIVO • INDIKATIV IMPERFEKT

portavo	vendevo	partivo	spedivo
portavi	vendevi	partivi	spedivi
portava	vendeva	partiva	spediva
portavamo	vendevamo	partivamo	spedivamo
portavate	vendevate	partivate	spedivate
portavano	vendevano	partivano	spedivano

PASSATO REMOTO • HISTORISCHES PERFEKT

portai	vendei, vendetti	partii	spedii
portasti	vendesti	partisti	spedisti
portò	vendé, vendette	partì	spedì
portammo	vendemmo	partimmo	spedimmo
portaste	vendeste	partiste	spediste
portarono	venderono, vendettero	partirono	spedirono

FUTURO • FUTUR

porterò	venderò	partirò	spedirò
porterai	venderai	partirai	spedirai
porterà	venderà	partirà	spedirà
porteremo	venderemo	partiremo	spediremo
porterete	venderete	partirete	spedirete
porteranno	venderanno	partiranno	spediranno

CONDIZIONALE • KONDITIONAL

porterei	venderei	partirei	spedirei
porteresti	venderesti	partiresti	spediresti
porterebbe	venderebbe	partirebbe	spedirebbe
porteremmo	venderemmo	partiremmo	spediremmo
portereste	vendereste	partireste	spedireste
porterebbero	venderebbero	partirebbero	spedirebbero

PRESENTE CONGIUNTIVO • KONJUNKTIV PRÄSENS

porti	venda	parta	spedisca
porti	venda	parta	spedisca
porti	venda	parta	spedisca
portiamo	vendiamo	partiamo	spediamo
portiate	vendiate	partiate	spediate
portino	vendano	partano	spediscano

IMPERFETTO CONGIUNTIVO • KONJUNKTIV IMPERFEKT

portassi	vendessi	partissi	spedissi
portassi	vendessi	partissi	spedissi
portasse	vendesse	partisse	spedisse
portassimo	vendessimo	partissimo	spedissimo
portaste	vendeste	partiste	spediste
portassero	vendessero	partissero	spedissero

IMPERATIVO • IMPERATIV

porta!	vendi!	parti!	spedisci!
porti!	venda!	parta!	spedisca!
portiamo!	vendiamo!	partiamo!	spediamo!
portate!	vendete!	partite!	spedite!
portino!	vendano!	partano!	spediscano!

GERUNDIO • GERUNDIUM

portando	vendendo	partendo	spedendo

PARTICIPIO PRESENTE • PARTIZIP PRÄSENS

portante	vendente	partente	spedente

PARTICIPIO PASSATO • PARTIZIP PERFEKT

portato	venduto	partito	spedito

Die folgenden Zeitformen werden mit dem Partizip Perfekt und einer Form von *avere* oder *essere* gebildet:

passato prossimo • *Perfekt:* ho portato (sono partito) usw.

trapassato prossimo • *Plusquamperfekt:* avevo portato (ero partito) usw.

trapassato remoto • *Plusquamperfekt II:* ebbi portato (fui partito) usw.

futuro anteriore • *Futur II:* avrò portato (sarò partito) usw.

condizionale passato • *Konditional II:* avrei portato (sarei partito) usw.

22 Verbi irregolari · Unregelmäßige Verben

I. Konjugation

INFINITO • INFINITIV

andare	dare	stare

PRESENTE INDICATIVO • INDIKATIV PRÄSENS

vado	do	sto
vai	dai	stai
va	dà	sta
andiamo	diamo	stiamo
andate	date	state
vanno	danno	stanno

PASSATO REMOTO • HISTORISCHES PERFEKT

andai usw.	diedi, detti	stetti
	desti	stesti
	diede, dette	stette
	demmo	stemmo
	deste	steste
	diedero, dettero	stettero

FUTURO • FUTUR

andrò	darò usw.	starò usw.
andrai		
andrà		
andremo		
andrete		
andranno		

CONDIZIONALE • KONDITIONAL

andrei usw.	darei usw.	starei usw.

PRESENTE CONGIUNTIVO • KONJUNKTIV PRÄSENS

vada	dia	stia
vada	dia	stia
vada	dia	stia
andiamo	diamo	stiamo
andiate	diate	stiate
vadano	diano	stiano

IMPERFETTO CONGIUNTIVO • KONJUNKTIV IMPERFEKT

andassi usw.	dessi	stessi
	dessi	stessi
	desse	stesse
	dessimo	stessimo
	deste	steste
	dessero	stessero

IMPERATIVO • IMPERATIV

va!	dà!	sta!
vada!	dia!	stia!
andiamo!	diamo!	stiamo!
andate!	date!	state!
vadano!	diano!	stiano!

II. Konjugation

INFINITO • INFINITIV

dire **dovere** **fare** **potere**

PRESENTE INDICATIVO • INDIKATIV PRÄSENS

dico	devo, debbo	faccio	posso
dici	devi	fai	puoi
dice	deve	fa	può
diciamo	dobbiamo	facciamo	possiamo
dite	dovete	fate	potete
dicono	devono, debbono	fanno	possono

IMPERFETTO INDICATIVO • INDIKATIV IMPERFEKT

dicevo	dovevo usw.	facevo	potevo usw.
dicevi		facevi	
diceva		faceva	
dicevamo		facevamo	
dicevate		facevate	
dicevano		facevano	

PASSATO REMOTO • HISTORISCHES PERFEKT

dissi	dovei, dovetti	feci	potei, potetti usw.
dicesti	usw.	facesti	
disse		fece	
dicemmo		facemmo	
diceste		faceste	
dissero		fecero	

FUTURO • FUTUR

dirò usw.	dovrò	farò usw.	potrò
	dovrai		potrai
	dovrà		potrà
	dovremo		potremo
	dovrete		potrete
	dovranno		potranno

CONDIZIONALE • KONDITIONAL

direi usw.	dovrei usw.	farei usw.	potrei usw.

PRESENTE CONGIUNTIVO • KONJUNKTIV PRÄSENS

dica	deva, debba	faccia	possa
dica	deva, debba	faccia	possa
dica	deva, debba	faccia	possa
diciamo	dobbiamo	facciamo	possiamo
diciate	dobbiate	facciate	possiate
dicano	devano, debbano	facciano	possano

IMPERFETTO CONGIUNTIVO • KONJUNKTIV IMPERFEKT

dicessi	dovessi usw.	facessi	potessi usw.
dicessi		facessi	
dicesse		facesse	
dicessimo		facessimo	
diceste		faceste	
dicessero		facessero	

IMPERATIVO • IMPERATIV

di!		fa!	
dica!		faccia!	
diciamo!		facciamo!	
dite!		fate!	
dicano!		facciano!	

GERUNDIO • GERUNDIUM

dicendo	dovendo	facendo	potendo

PARTICIPIO PASSATO • PARTIZIP PERFEKT

detto	dovuto	fatto	potuto

INFINITO • INFINITIV

| **sapere** | **sedere** | **tenere** | **volere** |

PRESENTE INDICATIVO • INDIKATIV PRÄSENS

so	siedo	tengo	voglio
sai	siedi	tieni	vuoi
sa	siede	tiene	vuole
sappiamo	sediamo	teniamo	vogliamo
sapete	sedete	tenete	volete
sanno	siedono	tengono	vogliono

PASSATO REMOTO • HISTORISCHES PERFEKT

seppi	sedei, sedetti	tenni	volli
sapesti	usw.	tenesti	volesti
seppe		tenne	volle
sapemmo		tenemmo	volemmo
sapeste		teneste	voleste
seppero		tennero	vollero

FUTURO • FUTUR

saprò	sederò, siederò	terrò	vorrò
saprai	usw.	terrai	vorrai
saprà		terrà	vorrà
sapremo		terremo	vorremo
saprete		terrete	vorrete
sapranno		terranno	vorranno

CONDIZIONALE • KONDITIONAL

saprei usw.	sederei, siederei usw.	terrei usw.	vorrei usw.

PRESENTE CONGIUNTIVO • KONJUNKTIV PRÄSENS

sappia	sieda	tenga	voglia
sappia	sieda	tenga	voglia
sappia	sieda	tenga	voglia
sappiamo	sediamo	teniamo	vogliamo
sappiate	sediate	teniate	vogliate
sappiano	siedano	tengano	vogliano

IMPERATIVO • IMPERATIV

sappi!	siedi!	tieni!	vogli!
sappia!	sieda!	tenga!	voglia!
sappiamo!	sediamo!	teniamo!	vogliamo!
sappiate!	sedete!	tenete!	vogliate!
sappiano!	siedano!	tengano!	vogliano!

III. Konjugation

INFINITO • INFINITIV

salire (hinaufsteigen)	udire (hören)	uscire	venire

PRESENTE INDICATIVO • INDIKATIV PRÄSENS

salgo	odo	esco	vengo
sali	odi	esci	vieni
sale	ode	esce	viene
saliamo	udiamo	usciamo	veniamo
salite	udite	uscite	venite
salgono	odono	escono	vengono

PASSATO REMOTO • HISTORISCHES PERFEKT

salii usw.	udii usw.	uscii usw.	venni
			venisti
			venne
			venimmo
			veniste
			vennero

FUTURO • FUTUR

salirò usw.	udirò usw.	uscirò usw.	verrò usw.

CONDIZIONALE • KONDITIONAL

salirei usw.	udirei usw.	uscirei usw.	verrei usw.

PRESENTE CONGIUNTIVO • KONJUNKTIV PRÄSENS

salga	oda	esca	venga
salga	oda	esca	venga
salga	oda	esca	venga
saliamo	udiamo	usciamo	veniamo
saliate	udiate	usciate	veniate
salgano	odano	escano	vengano

IMPERATIVO • IMPERATIV

sali!	odi!	esci!	vieni!
salga!	oda!	esca!	venga!
saliamo!	udiamo!	usciamo!	veniamo!
salite!	udite!	uscite!	venite!
salgano!	odano!	escano!	vengano!

PARTICIPIO PASSATO • PARTIZIP PERFEKT

salito	udito	uscito	venuto

Uso dei tempi · Gebrauch der Zeitformen

Formen der Vergangenheit

1 *Imperfetto*
Tutti dorm**ivano**.
Ogni anno and**ava** a Roma.

• Das **imperfetto** wird gebraucht für Beschreibungen, für längerdauernde oder sich wiederholende Handlungen in der Vergangenheit.

2 *Passato remoto*
Partì per Roma.
Lo **vidi** ieri.

• Das **passato remoto** bezeichnet eine einzelne, abgeschlossene Handlung in der Vergangenheit. Es wird vor allem in der Umgangssprache Mittel- und Süditaliens benutzt, während es in Norditalien hauptsächlich in der feierlichen, öffentlichen Rede und in der Schriftsprache Anwendung findet. In der Umgangssprache wird an seiner Stelle das *passato prossimo* bevorzugt.

3 *Passato prossimo*
È partito per Roma ieri sera.
Ho comprato il giornale stamattina.

• Das **passato prossimo** bezeichnet eigentlich eine Handlung in der Vergangenheit, die sich bis in die Gegenwart auswirkt oder in der jüngeren Vergangenheit stattfand. Es übernimmt im gesprochenen Italienisch vor allem im Norden des Landes aber auch die Bedeutung des *passato remoto*.

4 *Futuro*
Domani **verrò** da te.
Sarà a Roma adesso.

• Im Gebrauch des **Futur** für eine in der Zukunft liegende Handlung ist das Italienische genauer als das Deutsche („Morgen komme ich zu dir"). Darüber hinaus wird das Futur im Italienischen wie im Deutschen zum Ausdruck einer Wahrscheinlichkeit benutzt: „Er wird jetzt in Rom sein".

5 *Condizionale*
Se avessi tempo, lo **farei** volentieri.

• Im Hauptsatz eines Bedingungssatzes steht im Italienischen das **condizionale presente** oder **passato,** in seinem mit **se** eingeleiteten Nebensatz das *imperfetto congiuntivo* bzw. das *trapassato congiuntivo*.

Ha detto che **sarebbe partito**.

• Steht das Verb im Hauptsatz in einer Form der Vergangenheit und ist die Handlung im Nebensatz möglich, wahrscheinlich oder nur gedacht, so benutzt man im Nebensatz das *condizionale passato*.

24 Uso del congiuntivo · Gebrauch des Konjunktivs

1
Ho paura che **sia** troppo tardi.
Non vuole che lui **parta**.
Credo che lui **sia** partito.

• Der **Konjunktiv** wird gebraucht nach Ausdrücken und Verben des Fürchtens, Wünschens und Glaubens, wenn das Subjekt des Hauptsatzes sich von dem des Nebensatzes unterscheidet. Er wird vor allem dann benutzt, wenn in der Aussage ein gewisses Maß an Unsicherheit zum Ausdruck gebracht werden soll.

2
È necessario che lui lo **faccia**.
È possible che **siano** arrivati.

• Der **Konjunktiv** wird nach bestimmten unpersönlichen Ausdrücken gebraucht.

3
È la città più bella che io **abbia** mai vista.
Era il viaggio più lungo che lui **abbia** mai fatto.

• Der **Konjunktiv** wird in Relativsätzen angewandt, wenn der Vordersatz einen Superlativ oder ein Wort mit ähnlicher Bedeutung (z. B. *solo, unico*) enthält.

4
Mi **dica,** per favore ...

• Der **Konjunktiv** wird als höfliche Form der Umschreibung des Imperativs benutzt.

25 Costruzioni dell'infinito · Konstruktionen mit dem Infinitiv

1 *Der reine Infinitiv*
Non posso **dir**lo.
È facile **far**lo.

• Der **reine Infinitiv** (ohne Präposition) wird nach Modalverben (*potere, volere, dovere, sapere, solere*) gebraucht und wenn der Infinitiv Subjekt des Satzes ist.

2 *Der Infinitiv mit di*
Ho dimenticato **di dir**lo.
Non ho tempo **di far**lo.
Sono contento **di veder**la.

• Viele Verben (z. B. *dimenticare, finire, decidere*) und einige Adjektive erfordern die Präposition **di** + Infinitiv.

3 *Der Infinitiv mit* **a**
È cominciato **a piovere**.
Ho imparato **a parlare** italiano.
Vado **a comprare** un giornale.
È una cosa facile **a dirsi**.

- Viele Verben, z. B. *cominciare, imparare*, erfordern die Präposition **a** + Infinitiv. Nach Verben der Bewegung drückt *a* eine Absicht aus. Wenn bestimmte Adjektive, z. B. *facile, difficile*, **a** + Infinitiv nach sich ziehen, wird der Infinitiv reflexiv.

4 *Der Infinitiv mit* **da**
Ho molto **da fare**.
Una cosa difficile **da dimenticare**.
Una **macchina da scrivere**.

- Der Infinitiv mit **da** wird gebraucht, um etwas auszudrücken, das getan werden sollte und auch nach bestimmten Adjektiven wie *facile* und *difficile* (s. o.).
Da wird auch in vielen Fällen gebraucht, in denen man im Deutschen ein zusammengesetztes Wort benutzen würde, z. B. „Schreibmaschine" *macchina da scrivere*, „Blumenvase" *vaso da fiori* usw.

5 *Der Infinitiv mit* **per**
Sta **per partire** Er ist im Begriff zu gehen

- **Stare** + **per** + Infinitiv wird gebraucht, um eine Handlung zu beschreiben, die unmittelbar bevorsteht.

Uso del gerundio · Gebrauch des Gerundiums

Camminando gli parlavo.
Sbagliando s'impara.
Sto **leggendo** il giornale.
Il rumore **va crescendo**.

- Das **Gerundium** drückt die Gleichzeitigkeit einer Handlung im Nebensatz mit der im Hauptsatz aus.
Stare + Gerundium bezeichnet eine Handlung, die gerade vor sich geht, z. B. „Ich lese gerade die Zeitung".
Andare + Gerundium bezeichnet das allmählich sich vollziehende Ereignis und kann im Deutschen mit Hilfe von „werden" und dem Komparativ eines Adjektivs wiedergegeben werden, z.B. „Der Lärm wird lauter".

Pronuncia • Aussprache

Wie der Grammatik, so liegt auch der Regelung der Aussprache das Toskanische zugrunde.

L'alfabeto • Das Alphabet

a [ɑ]   f [ɛffe]   k [kɑppɑ]   p [pi]   u [u]
b [bi]   g [dʒi]   l [ɛlle]   q [ku]   v [vi, vu]
c [tʃi]   h [ɑkkɑ]   m [ɛmme]   r [ɛrre]   z [dzɛtɑ]
d [di]   i [i]   n [ɛnne]   s [ɛsse]
e [ɛ]   j [illungo] o [ɔ]   t [ti]

Vocali • Vokale

Ein betonter Vokal ist in einer offenen Silbe (d. h. in einer Silbe, die mit einem Vokal endet), wie z. B. in *ca-po*, gewöhnlich länger als in einer geschlossenen (mit einem Konsonanten endenden Silbe), wie z. B. in *cap-pa*. In der phonetischen Umschrift wird ein langer betonter Vokal durch : gekennzeichnet, z. B. [kaːpo]. Man beachte, daß betonte Vokale am Ende eines Wortes immer kurz sind: *città* [tʃitˈta], *andò* [anˈdo].

[a] **Caro** [kaːro], **largo** [largo]. Der [a]-Laut ist stets offen wie in dem deutschen Wort „Bach".

[e] **Sete** [seːte], **momento** [momento]. Der [e]-Laut ist geschlossen wie in dem deutschen Wort „See". Das auslautende *e* ist im Italienischen immer kurz und deutlich als [e] auszusprechen, niemals abgeschwächt wie das auslautende *e* in „Habe".

[ɛ] **Bene** [bɛːne], **tempo** [tɛmpo]. Der [ɛ]-Laut ist sehr offen wie in dem deutschen Wort „Späne".

[i] **Si** [si], **un litro di vino** [un liːtro di viːno]. Der [i]-Laut ist stets geschlossen wie in dem deutschen Wort „Biene". Er klingt nie offen wie in dem deutschen Wort „Bitte".

[ɔ] **No** [nɔ], **troppo** [trɔppo]. Der [ɔ]-Laut ist offen wie in dem deutschen Wort „Sorge".

[o] **Favore** [favoːre], **conto** [konto]. Der [o]-Laut ist geschlossen wie in dem deutschen Wort „Brot".

[u] **Uno** [uːno], **punto** [punto]. Der italienische [u]-Laut ist stets geschlossen wie in dem deutschen Wort „Ruder". Er klingt nie offen wie in dem deutschen Wort „Futter".

Die betonten Vokale *e* und *o* können sowohl geschlossen als auch offen ausgesprochen werden. Es ist schwierig, hierfür feste Regeln anzugeben. Im Vokabelverzeichnis werden nur diejenigen Wörter phonetisch umschrieben, bei denen das betonte *e* oder *o* offen ausgesprochen wird.

Consonanti · Konsonanten

Konsonanten können im Italienischen kurz oder lang sein. Lange Konsonanten werden in der phonetischen Umschrift durch Verdoppelung gekennzeichnet. Im folgenden werden nur die Konsonanten aufgeführt, die sich in ihrer Aussprache vom Deutschen unterscheiden oder keine Entsprechung im Deutschen haben.

[p] **Capo** [kaːpo], **cappa** [kappa], **lato** [laːto], **latte** [latte], **oca** [ɔːka], **occhio**
[t] [ɔkkjo]. Im Italienischen sind diese Laute rein explosiv auszusprechen ohne
[k] jede Aspiration.

[ts] **Zio** [tsiːo], **pezzo** [pɛttso]. Dieser Laut entspricht dem Anlaut in dem deutschen Wort „Zange".

[dz] **Zero** [dzɛːro], **mezzo** [mɛddzo]. Dieser stimmhafte Laut wird wie der Anlaut in dem Wort „Sage" mit einem d-Vorschlag gesprochen.

[tʃ] **Voce** [voːtʃe], **goccia** [gottʃa]. Dieser Laut ist eine enge Verbindung von [t] und [ʃ] und entspricht etwa dem anlautenden *tsch* in dem deutschen Wort „Tscheche".

[dʒ] **Adagio** [adaːdʒo], **maggio** [maddʒo]. Dieser stimmhafte Laut entspricht dem Anlaut in dem Wort „Dschungel".

[z] **Caso** [kaːzo], **sguardo** [zgwardo]. Dieser stimmhafte Laut entspricht dem Anlaut in dem deutschen Wort „Sonne".

[ʃ] **Scendo** [ʃɛndo], **lascio** [laʃʃo]. Dieser Laut entspricht dem Anlaut in dem deutschen Wort „Schule".

[r] **Caro** [kaːro], **carro** [karro]. Dieser Laut wird mit der Zungenspitze stark gerollt und ist auch vor Konsonanten und am Wortende deutlich vernehmbar.

[ʎ] **Gli Stati Uniti** [ʎi staːti uniːti], **figlia** [fiʎʎa]. Dieser Laut ist eine enge Verbindung vin [l] und [j] und ähnelt dem orthographisch mit *ll* wiedergegebenen Laut in dem Wort „Sevilla".

[ɲ] **Gnocchi** [ɲɔkki], **bagno** [baɲɲo]. Dieser Laut ist eine enge Verbindung von [n] und [j] und ähnelt dem orthographisch mit *gn* wiedergegebenen Laut in dem Wort „Kognak".

Semiconsonanti · Halbvokale bzw. Halbkonsonanten

[j] **Piano** [pjaːno]. Dieser Laut ähnelt dem orthographisch mit *ie* wiedergegebenen Laut in dem deutschen Wort „Lilie", das Reibegeräusch ist jedoch stärker.

[w] **Quando** [kwando], **acqua** [akkwa]. Dieser Laut wird mit gerundeten Lippen gebildet und flüchtiger als ein [u] gesprochen. Es gibt dafür keine Entsprechung im Deutschen.

Grafia e pronuncia · Rechtschreibung und Aussprache

c wird vor *e* und *i* [tʃ] ausgesprochen, z. B. *cento* [tʃɛnto], *cinema* [ˈsʃiːnema]. Vor *a*, *o*, *u* und vor Konsonanten wird es [k] ausgesprochen, z. B. *cane* [kaːne], *conto* [konto], *cubo* [kuːbo], *scala* [skaːla]. Um den [k]-Laut auch vor *e* und *i* zu erhalten, wird ein *h* eingeschoben, z. B. *barche* [barke], *fichi* [fiːki]. Um den [tʃ]-Laut auch vor *a*, *o* und *u* zu erhalten, wird ein *i* eingeschoben, das keinen eigenen Lautwert besitzt, z. B. *che* [ke], *Chianti* [kjanti].

g wird vor *e* und *i* [dʒ] ausgesprochen, z. B. *gente* [dʒɛnte], *giro* [dʒiːro]. Vor *a*, *o*, und *u* und vor Konsonanten wird es [g] ausgesprochen. Um auch vor *i* und *e* den [g]-Laut zu erhalten, wird ein *h* eingeschoben, z. B. *colleghi* [kollɛːgi], *leghe* [leːge]. Um auch vor *a*, *o* und *u* den [dʒ]-Laut zu erhalten, wird ein *i* eingeschoben, das keinen eigenen Lautwert besitzt, z. B. *giorno* [dʒorno], *giardino* [dʒardiːno].

gl wird zwischen Vokalen [ʎ] gesprochen (s. o.); besonders am Wortanfang und in gelehrten Wörtern wird es oft [gl] gesprochen, z. B. *glicine* [ˈgliːtʃine], *negligente* [neglidʒɛnte].

gn s. o. [ɲ].

h ist im Italienischen nur ein graphisches Zeichen und besitzt keinen Lautwert. In der Verbindung *chi, che, ghi, ghe* dient es zur Erhaltung des [k]- bzw. [g]-Lautes vor *e* und *i*. Im Indikativ Präsens von *avere* wird es verwendet, um die Formen *ho, hai, ha, hanno* von *o, ai, a, anno* zu unterscheiden.

ng wird vor *a*, *o* und *u* wie deutsches *n* vor *g* in „Menge" ausgesprochen, z. B. *lungo* [luŋgo], vor *e* und *i* als [ndʒ], z. B. *piangere* [ˈpjandʒere].

s wird vor allem am Wortanfang vor Vokalen und vor stimmlosen Konsonanten stimmlos, d. h. scharf wie in „Haß" gesprochen, z. B. *sera* [seːra], *strada* [straːda]. Vor stimmhaften Konsonanten wird es stimmhaft, d. h. weich wie in „Sonne" gesprochen, z. B. *sbaglio* [zbaʎʎo], *smettere* [ˈzmettere]. Zwischen Vokalen ist es teils stimmlos, z. B. *cosa* [kɔːsa], teils stimmhaft, z. B. *chiesa* [kjɛːza]. Nördlich der Toskana wird das intervokalische *s* stets stimmhaft, südlich von Rom stets stimmlos gesprochen. Auch in der Toskana schwankt die Aussprache, so daß man *rosa* [rɔːza] neben *casa* [kaːsa] antrifft.

sc wird vor *e* und *i* [ʃ] ausgesprochen, z. B. *scendo* [ʃɛndo], *scimmia* [ʃimmja]. Vor *a*, *o* und *u* wird es [sk] gesprochen, z. B. *sconto* [skonto], *scusare* [skuzaːre]. Um auch vor *e* und *i* den [sk]-Laut zu erhalten, wird ein *h* eingeschoben, z. B. *scherzo* [skɛrtso], *Ischia* [iskja]. Um vor *a*, *o* und *u* den [ʃ]-Laut zu erhalten, wird ein *i* eingeschoben, das keinen eigenen Lautwert besitzt, z. B. *sciarpa* [ʃarpa].

z wird teils stimmlos, s. o. [ts], teils stimmhaft, s. o. [dz], gesprochen.

Rafforzamento · Verdoppelung der Konsonanten in der gesprochenen Sprache

Konsonanten können in der mündlichen Rede, ohne daß dies in der Schrift zum Ausdruck kommt, in folgenden Fällen verdoppelt werden:

1 Nach zwei- oder mehrsilbigen Wörtern, die auf einen betonten Vokal enden: *andò via* [andov'vi:a], *città santa* [tʃittas'santa].

2 Nach einigen einsilbigen Wörtern wie *a, che, chi, da* (aber nicht *di*), *e, è, fa, fu, ha, ho, ma, no, o, più, se, sta, tra: a casa* [ak'ka:sa], *che bello* [keb'bɛllo], *chi parla* [kip'parla].

3 Nach zweisilbigen Wörtern, wenn die Betonung auf der vorletzten Silbe liegt, z. B. *come, dove, qualche, sopra: come va* [komev'va], *dove sei* [doves'sɛi], *qualche volta* [kwalkev'vɔlta].

Accento · Betonung

1 Im allgemeinen wird im Italienischen die vorletzte Silbe betont (*parole piane*): *una vocale* [vo'ka:le].

2 In bestimmten Fällen wird die letzte Silbe betont (*parole tronche*): *caffè* [kaf'fɛ], *città* [tʃit'ta].

3 Manchmal wird die drittletzte Silbe betont (*parole sdrucciole*): *facile* ['fa:tʃile], *difficile* [dif'fi:tʃile].

4 In bestimmten Fällen wird die viertletzte Silbe betont: *visitano* ['vizitano], *eccotelo* ['ɛkkotelo].

Elisione · Elision

Die Elision, d. h. die Weglassung eines Endungsvokals vor einem folgenden Vokal, wird gewöhnlich durch einen Apostroph gekennzeichnet, wenn das Wort auf *-a* endet: *un'ora, una buon'amica*. Wenn das Wort auf *-e* oder *-o* endet, setzt man gewöhnlich keinen Apostroph: *un buon amico, qual è*. Man beachte Fälle wie *dov'è*. In manchen Fällen wird das Zusammentreffen zweier Vokale durch Hinzufügung eines „d" an die Vokale *a, e* und *o* verhindert: *ad altri, ed egli, od ogni*. In der Umgangssprache ist dies jedoch nicht erforderlich.

Troncamento

Dies ist die Bezeichnung für die Auslassung eines Endungsvokals oder einer Endsilbe vor einem Konsonanten (außer vor *s*+Konsonant oder *z*). Die Kennzeichnung durch einen Apostroph entfällt hier: *il signor Conti, pian piano, un bel libro, san Francesco*.

Intonazione e altezza del suono · Tonfall und Stimmlage

I

Der Tonfall im Italienischen kann sein:

1 *fallend*, etwa bei Feststellungen, Ausrufen oder Fragesätzen, die durch ein Interrogativpronomen eingeleitet werden:
  Giorgio non è in casa. ↘
  Perchè non è tornato? ↘

2 *steigend*, etwa bei Fragesätzen, die mit Ja oder Nein beantwortet werden können:
  Chiara non è tornato? ↗

3 *unverändert*, wie in alltäglichen Redewendungen:
  Buon giorno! →
  Permesso? →
  Prego. →

II

Der Unterschied zwischen einer Frage und einer Feststellung wird nicht nur durch den Tonfall, sondern auch durch unterschiedliche Stimmlagen gekennzeichnet. In einer Feststellung wie *piove* (es regnet) ist die Stimmlage niedrig; bei einer Frage ist sie höher: *piove?* Bei emotionalen Ausrufen ist die Stimmlage besonders hoch:

Che cosa!

Ma che dici!

Vocabulario e Note
Vokabelverzeichnis und Anmerkungen

1. Das Geschlecht der Substantive wird durch *m* für ‚männlich', *f* für ‚weiblich' und *pl* für den Plural gekennzeichnet.
2. Die Aussprache von *e* und *o* wird nur dann besonders gekennzeichnet, wenn sie offene Vokale sind. *S* und *z* werden dann gekennzeichnet, wenn sie stimmhaft auszusprechen sind. Keine Angabe zur Aussprache bedeutet demnach geschlossene bzw. stimmlose Aussprache.
3. Die Betonung einer Silbe ist dann eigens gekennzeichnet, wenn sie auf die dritt- oder viertletzte Silbe fällt. Ebenso bei allen Wörtern auf *-ia* oder *-io*.

1

uno	einer
prima	die erste
una lezione [lettsjo:ne]	eine Unterrichtsstunde, eine Lektion
ecco ['ɛkko]	da ist
una	eine
casa *f*	Haus
è [ɛ]	er, sie, es ist. Das Personalpronomen wird nur benutzt, wenn es besonders betont werden soll.
sì	ja
una chiave [kja:ve]	ein Schlüssel
cos'è [ko'sɛ]	was ist das? Es handelt sich um eine Verbindung von *cosa* (Sache) mit *è* (ist).
questa [kwesta]	diese
porta [pɔrta] *f*	Tür
no [nɔ]	nein
non	nicht. *Non* steht immer vor dem Verb.
finestra [finɛstra] *f*	Fenster
che cosa [kɛkkɔ:sa]	was. Wörtlich ‚welche Sache'.
un'	*Una* verliert den Endvokal vor einem anderen Vokal. Dies wird Elision genannt.
insegna [insɛɲɲa] *f*	(Firmen-, Straßen-)Schild
un	einer, ein
libro *m*	Buch
un giornale [dʒorna:le]	eine Zeitung
questo [kwesto]	dieser, dieses
un fiore	eine Blume
'albero *m*	Baum
uno	einer, ein. *Uno* wird vor männlichen Substantiven gebraucht, die mit einem *s*+Konsonant (dem sogenannten *s impura*) oder *z* beginnen.
specchio [spɛkkjo] *m*	Spiegel
zero [dzɛ:ro]	null
chi [ki]	wer
un signore [siɲɲo:re]	ein Herr
signora [siɲɲo:ra] *f*	Frau

Maria Conti [ma'riːa konti]	Maria Conti
Giorgio ['dʒordʒo]	Georg
ragazzo [ragattso] *m*	Junge
ragazza *f*	Mädchen
uno studente [studɛnte]	ein Student

2

due ['due]	zwei
seconda	(die) zweite
sono	ich bin, sie sind
due porte [pɔrte]	zwei Türen
queste	diese. Die Pluralform zu *questa*.
cosa sono [kɔːsa sono]	was sind?
questi	diese. Die Pluralform zu *questo*.
due specchi [spɛkki]	zwei Spiegel. Wörter, die auf *-io* enden und bei denen das *i* unbetont ist, haben im Plural nur ein *i*.
e	und
Luigi [lw'iːdʒi]	Ludwig
Laura ['laura]	Laura
stanza *f*	Zimmer, Raum
a sinistra [assinistra]	links, auf der linken Seite
c'è [tʃɛ]	es gibt. Eine Verbindung von *ci* (dort) und *è*.
cosa c'è	was ist
a destra [addɛstra]	rechts, auf der rechten Seite
anche [aŋke]	auch
poltrona *f*	Sessel
in fondo	im Hintergrund
ci sono	da sind. Pluralform zu *c'è*.
sedia ['sɛːdja] *f*	Stuhl
biblioteca [bibliotɛːka] *f*	Bibliothek, Bücherregal. Der Plural lautet *biblioteche*. Das ‚h' wird eingefügt, um den [k]-Laut vor dem hellen Vokal ‚e' zu erhalten.
tre	drei
quadro [kwaːdro] *m*	Bild
in mezzo [mɛddzo]	in der Mitte
tappeto *m*	Teppich
in alto	oben
lampa'dario *m*	Zimmerlampe
quanti, quante	wie viele
solo, sola	nur ein(e)

3

terza [ɛ]	dritte
dov'è [do'vɛ]	wo ist. Eine Verbindung von *dove* (wo) und *è*.
la finestra [ɛ]	das Fenster
le finestre [ɛ]	die Fenster
l'insegna *f*	das Schild. Der Endungsvokal wird bei *la* (nicht bei *le*) vor einem folgenden Vokal apostrophiert.
il giornale	die Zeitung

sotto	unter
i giornali	die Zeitungen
l'albero ['albero] *m*	der Baum. Der bestimmte Artikel (*m* und *f*) lautet vor einem Vokal *l'*.
gli alberi ['ʎalberi]	die Bäume. Die Pluralform von *l'* (*m*) ist *gli*.
lo specchio [ɛ]	der Spiegel. Der bestimmte Artikel *lo* entspricht dem unbestimmten Artikel *uno*.
gli specchi [ʎi spɛkki]	die Spiegel. *Gli* ist der Plural von *lo*.
marito *m*	Gatte, Ehemann
di Ma'ria	Marias. Der Genitiv (Wesfall) wird im Italienischen mit Hilfe der Präposition *di* ausgedrückt.
un padre	ein Vater
una moglie [moʎʎe] *pl* mogli	eine Gattin, Ehefrau
una madre	eine Mutter
un figlio ['fiʎʎo] *pl* figli	ein Sohn
fratello [ɛ] *m*	Bruder. *Fratelli* bedeutet auch ‚Geschwister'.
figlia ['fiʎʎa] *f*, *pl* figlie	Tochter
sorella [ɛ] *f*	Schwester
amico *m*, *pl* amici [ami:tʃi]	Freund
amica *f*, *pl* amiche	Freundin. Vgl. *biblioteche*.
i genitori [dʒenito:ri] *m/pl*	die Eltern
i 'figli *m/pl*	die Söhne, die Kinder (einer Familie). Vgl. *fratelli*.
tedesco	deutsch
a Firenze [affirɛntse]	in (nach) Florenz. Vgl. *in Italia* ‚in Italien' oder ‚nach Italien'.
entrata *f*	Eingang
ha [a]	hat. Der Buchstabe *h* besitzt im Italienischen keinen eigenen Lautwert, wird also nie ausgesprochen.
piano *m*	Stockwerk
pianterreno *m*	Erdgeschoß
primo piano	erster Stock
un balcone	ein Balkon
tetto *m*	Dach
dietro [ɛ]	hinter
giardino [dʒardi:no] *m*	Garten
con	mit
cucina *f*	Küche
'camera *f*	Zimmer
da	von, bei, seit
letto [ɛ] *m*	Bett
'camera da letto [dallɛtto]	Schlafzimmer
soggiorno [soddʒorno] *m*	Wohnzimmer
sala *f*	Raum
pranzo [prandzo] *m*	(Mittag-)Essen
sala da pranzo [dapprandzo]	Eßzimmer
bagno [baɲɲo] *m*	Bad, Badezimmer
soffitto *m*	Zimmerdecke
una parete	eine Wand
in basso	unten
pavimento *m*	Fußboden

4

quattro	vier
quarta	vierte
sei [sɛi]	du bist
qui [kwi]	hier
mamma *f*	Mama
in cucina	in der Küche. Der bestimmte Artikel wird nach einer Präposition häufig ausgelassen. Vgl. *in fondo* ‚im Hintergrund'.
Giorgio, dov'è?	Wo ist Georg? Das betonte Wort wird häufig an den Anfang des Satzes gestellt.
fuori [fw'ɔːri]	draußen
in giardino	im Garten. Vgl. *in cucina*.
come mai [komem'mai]	wieso?
siete [ɛ]	ihr seid
ancora	noch
pronti	fertig, bereit. Pl. von *pronto*.
sempre [ɛ]	immer
in ritardo	zu spät
un 'cinema, *pl* 'cinema	ein Kino
comincia [ko'mintʃa]	er (sie, es) beginnt
fra	in
dieci [ɛ]	zehn
minuto *m*	Minute
babbo *m*	Papa. Im Gegensatz zu den sonstigen Verwandtschaftsbezeichnungen im Sg. wird bei *mamma, babbo, papà* der bestimmte Artikel gesetzt. In der Anrede entfällt er allerdings auch hier: *Dove sei, mamma?*
è andato	ist gegangen
a comprare [akkompraːre]	um zu kaufen
sigaretta *f*	Zigarette
buona [bw'ɔːna]	gut. Weibliche Form zu *buono*.
sera *f*	Abend. *Buona sera* sagt man am Spätnachmittag und am Abend. Sonst lautet der Gruß *buon giorno*.
signora Conti	Frau Conti. Bei der direkten Anrede benutzt man *signora* und *signorina* ohne Artikel.
come sta?	wie geht es Ihnen?
bene [ɛ]	gut
grazie ['grattsje]	danke
lei [ɛ]	Sie. Zum Ausdruck besonderer Höflichkeit (z. B. in Briefen) oft mit großem *L*.
scusi [skuːzi]	entschuldigen Sie
signor Palm	Herr Palm. *Signore* verliert seinen Endungsvokal vor einem Eigennamen. Außer in der direkten Anrede setzt man bei *signore* usw. den bestimmten Artikel: *Dov'è il signor Palm? Dov'è la signora Conti?*
siamo	wir sind
i ragazzi *m/pl*	die Jungen, Kinder. Vgl. *i fratelli, i figli*.
un film, *pl* film	ein Film
alcuni	einige

arrivederla	auf Wiedersehen (Höflichkeitsform)
domani	morgen
a domani [addoma:ni]	bis morgen!
buon [ɔ]	gut
divertimento *m*	Vergnügen
buon divertimento!	viel Spaß!

5

cinque [tʃinkwe]	fünf
quinta	fünfte
fai	du tust
faccio [fattʃo]	ich tue
non ... niente [ɛ]	nichts
cerca	Sie suchen
cerco	ich suche
una nazione [nattsjo:ne]	eine Nation. *La Nazione* ist der Name einer Florentiner Zeitung.
su	auf
'tavola *f*	Tisch
sulla 'tavola	auf dem Tisch. *Su* wird mit dem folgenden Artikel zusammengezogen. *Su+la* ergibt *sulla*.
vero	wahr
lì	dort
sul pavimento	auf dem Boden. *Sul* ist die Verbindung von *su+il*.
davanti a	vor
davanti alla 'sedia [ɛ]	vor dem Stuhl. Die Präposition *a* wird mit *la* zu *alla* verknüpft.
'eccolo ['ɛkkolo]	da ist er (es). Eine Verbindung von *ecco+lo*.
poi [ɔ]	dann
un'arancia [a'rantʃa], *pl* arance	eine Apfelsine, Apfelsinen. Um den [tʃ]-Laut vor den dunklen Vokalen *a*, *o* und *u* zu erhalten, wird ein *i* eingeschoben, das aber keinen eigenen Lautwert hat. Vor den hellen Vokalen *e* und *i* wird *c* immer [tʃ] (wie das ‚tsch' in ‚Rutsche') ausgesprochen.
uno scaffale	ein Regal. *Sullo scaffale* ‚auf dem Regal'.
accanto a	neben
fa buio [fab'bu:jo]	es ist dunkel. *Fare* wird u.a. gebraucht in Zusammenhang mit Wörtern, die sich auf Licht und Dunkelheit, Wetter und Temperatur beziehen. *Fa bel tempo* ‚es ist schönes Wetter'.
così	so
vedo	ich sehe
'eccole [ɛ]	hier sind sie
finalmente	endlich
fanno	sie tun
meno	weniger
coltello [ɛ] *m*	Messer
so [ɔ]	ich weiß
forse	vielleicht
meglio ['mɛʎʎo]	besser

chi'edere [ɛ]	fragen. „Jemanden fragen" heißt *chiedere a una persona*.
fate	ihr tut
stasera	heute abend
facciamo	wir tun, machen
giro *m*	Runde, Tour
per	durch
una città, *pl* città	eine Stadt
bella [ɛ]	schön. Städtenamen gelten als weiblich.
una notte [ɔ]	eine Nacht
di notte	nachts
fa caldo [fakkaldo]	es ist warm
fa freddo [faffreddo]	es ist kalt

6

sei [ɛ]	sechs
sesta [ɛ]	sechste
bandiera [ɛ] *f*	Fahne, Flagge
italiano, italiana	italienisch
verde	grün
bianco, bianca	weiß
rosso, rossa	rot
giallo, gialla	gelb
'aureo, 'aurea	golden
un colore	eine Farbe
di che colore è ...?	welche Farbe hat ... ?
il sole	die Sonne
fuoco [ɔ] *m*	Feuer
erba [ɛ] *f*	Gras, Kraut
nocciola [not'tʃɔːla] *f*	Haselnuß
marrone	braun (unveränderlich). Wörtlich ‚Kastanie'.
fumo *m*	Rauch
grigio ['griːdʒo], grigia	grau
il carbone	die Kohle
nero, nera	schwarz
un cane	ein Hund
com'è?	wie ist? Eine Verbindung von *come* ‚wie' und *è*.
'piccolo	klein
grande	groß
'macchina *f*	Maschine, hier: Auto
piazza *f*	Platz
in piazza	auf dem Platz. Hier: ‚in der Stadt'.
ciao ['tʃao]	hallo, tschüß, servus. Wird zur Begrüßung und Verabschiedung gebraucht.
che	daß
avete	ihr habt
nuovo [ɔ]	neu
una Lancia ['lantʃa] 'Fulvia	ein Lancia Fulvia. Autonamen sind im Italienischen weiblich.
cavallo *m*	Pferd. Hier ‚Pferdestärke' (‚PS').
'vecchio [ɛ]	alt
una seicento [ɛ]	ein Fiat 600

ma	aber
interno [ɛ]	innen
tutto	ganz
litro *m*	Liter
consuma	er (sie, es) verbraucht
targa *f*, *pl* targhe	Nummernschild. Um den [g]-Laut vor den hellen Vokalen *e* und *i* zu erhalten, wird ein *h* eingefügt.
molto	sehr
'semplice	einfach
sportello [ɛ] *m*	Autotür
chi'lometro [ɔ] *m*	Kilometer
ora *f*	Stunde. *Quanti chilometri fa all'ora?* ‚Wie schnell fährt er?'
perché	warum
domandi	du fragst
tante cose [ɔ]	soviel
come	wie
sai	du weißt
in città	in der Stadt
bisogna [bizoɲɲa]	man muß
andare	gehen. Hier ‚fahren'. Der Endungsvokal entfällt oft vor einem folgenden Konsonanten. Das wird *troncamento* genannt. Vgl. *signore* (Lektion 4).
piano	langsam
se no [sen'nɔ]	sonst. Wörtlich ‚wenn nicht'.
si paga	man bezahlt. Die italienische Entsprechung des deutschen ‚man' ist gewöhnlich eine Reflexivkonstruktion.
una multa	eine Strafgebühr
o	oder
si perde [ɛ]	man verliert
una patente [ɛ]	ein Führerschein
do'menica *f*	Sonntag
faremo	wir werden tun. Hier im Sinn von ‚fahren'.
autostrada *f*	Autobahn

7

sette [ɛ]	sieben
'settimo [ɛ]	siebte
pipa *f*	Pfeife
del signor Conti	Herr Conti's. *Del* ist zusammengezogen aus *di+il*.
borsetta *f*	Handtasche
studentessa *f*	Studentin
borsa *f*	Tasche
un'auto'mobile [ɔ]	ein Auto
un pallone	ein Ball
'bambola *f*	Puppe
nel salotto [ɔ]	im Wohnzimmer. *Nel* ist zusammengesetzt aus der Präposition *in+il*. Man kann auch *in salotto* sagen, was dann eine allgemeinere Ortsbestimmung ist. Vgl. *in cucina, in giardino* (Lektion 4) im Gegensatz zu *nella casa* ‚in dem (ganz bestimmten) Haus'.

dei libri	Bücher. *Di* + bestimmter Artikel wird gebraucht, um eine unbestimmte Menge von etwas anzuzeigen. Grammatisch wird dies als Teilungsartikel bezeichnet. Im Deutschen kann man das Gemeinte auch mit Hilfe von ‚einige' wiedergeben.
un'illustrazione	eine Illustration
'aula *f*	Klassenzimmer
cosa [ɔ] **cerchi?**	was suchst du?
si trova [ɔ]	es ist. Wörtlich ‚es findet sich'.
vicino	nahe bei
aspetta! [ɛ]	warte!
momento *m*	Augenblick
qualcosa [ɔ]	etwas
'angolo *m*	Ecke
un professore	ein Lehrer
hai	du hast
hai molto da fare [daffa:re]?	hast du viel zu tun?
purtroppo [ɔ]	leider
basta	es genügt
guardare	schauen
lavagna [lavaɲɲa] *f*	Wandtafel
cancellare	auswischen, durchstreichen
tutto	alles
guarda!	schau! sieh!
quaderno [ɛ] *m*	Heft
pezzo [ɛ] *m*	Stück
gesso [ɛ] *m*	Kreide. *Un pezzo di gesso* ‚ein Stück Kreide'.
matita *f*	Bleistift
dappertutto	überall
poveretto!	Du Ärmster!
coraggio [koˈraddʒo] *m*	Mut. Hier: nur Mut!
lavoro *m*	Arbeit
buon [ɔ] **lavoro!**	gute Arbeit! Es gibt im Italienischen eine Reihe solcher Ausdrücke, für die es kein wörtliches deutsches Äquivalent gibt.

8

otto [ɔtto]	acht
ottavo	achte
va tutto bene [ɛ]?	Ist alles in Ordnung? *Va* heißt ‚er (sie, es) geht'.
che bella ... [kebbɛlla]	was für ein schönes ...
bicicletta *f*	Fahrrad
'tuo, 'tua	dein, deine
ho [ɔ]	ich habe
non ... più	nicht ... mehr
hai 'voglia [voʎʎa] **di ...?**	hast du Lust auf ...?
un piede [ɛ]	ein Fuß
andare a piedi [appjɛ:di]	(zu Fuß) gehen
bisogno [bizoɲɲo] *m*	Notwendigkeit
aver bisogno di	brauchen

per	für
scuola [ɔ] *f*	Schule
andare a scuola [asskw'ɔːla]	zur Schule gehen
hai	du hast
provare	versuchen, ausprobieren
provarla	es (hier: das Fahrrad) ausprobieren
tempo [ɛ] *m*	Zeit
adesso [ɛ]	jetzt
dimmi!	sag mir
avete	ihr habt
un'intenzione	eine Absicht
aver intenzione di	beabsichtigen
abbiamo	wir haben
abbastanza	genug
i soldi [ɔ]	Geld
per il momento	für den (im) Augenblick
tutte le 'macchine	alle Autos. *Le macchine* meint Autos in einem allgemeinen Sinn. *Tutti, tutte* steht immer vor dem bestimmten Artikel.
'costano [ɔ]	sie kosten
pa'recchio	ziemlich viel, eine Menge
'suo, 'sua	sein, seine
tutte le 'sue amiche	alle seine (ihre) Freundinnen
aver la bicicletta	ein Fahrrad haben
allora	nun denn
prudenza [ɛ] *f*	Vorsicht. Hier ‚sei vorsichtig'.
eh! [ɛ]	ja!
pe'ricolo *m*	Gefahr
c'è pericolo	es ist gefährlich
chi	wer
va piano [vappja:no]	er (sie, es) fährt langsam
va sano [vassa:no]	er (sie, es) fährt gut. Wörtlich ‚gesund'.

9

nove [ɔ]	neun
nono [ɔ]	neunte
negozio [ne'gɔttsjo] *m*	Geschäft
perché	weil
entri Inf. entrare	du trittst ein
entra anche tu!	komm auch du herein!
commesso *m*	Verkäufer
buon [ɔ] giorno [dʒorno]	guten Morgen
signorina *f*	Fräulein
cosa [ɔ] de'siderano? Inf. desiderare	was wünschen Sie? Die dritte Person Plural dient als Höflichkeitsform zur Anrede mehrerer Personen.
cerco Inf. cercare	ich suche. Die Aussprache des *c* als [k] wird konsequent durch alle Personen des Präsens beibehalten. Folglich muß vor jedem ‚*i*' ein ‚*h*' eingefügt werden, z. B. *cerchi, cerchiamo*. Ähnlich wird bei Verben wie *pagare* verfahren, wo vor ‚*i*' ein ‚*h*' eingefügt werden muß, um den [g]-Laut zu erhalten.
'mio, 'mia	mein, meine

cravatta *f*	Krawatte
per esempio [e'zεmpjo]	zum Beispiel
'eccone [ε] **una**	da ist eine
seta *f*	Seide
puro	rein. *Di seta pura* ‚aus reiner Seide'.
pensi [ε] Inf. **pensare**	du denkst
cosa [ɔ] **ne pensi?**	Was hältst du davon? *Ne* ‚davon'
me	mir (betonte Form)
piace Inf. **piacere**	es gefällt. *A me non piace* ‚mir gefällt es nicht'.
troppo [ɔ]	zu, allzu
scuro	dunkel
aver ragione	recht haben
porti [ɔ] **qui!** Inf. **portare**	bringen Sie her!
invece	stattdessen
quello, quella	jener, jene
altro, altra	der, die andere
'sabbia *f*	Sand. *Quella color sabbia* ‚die Sandfarbene da'.
quanto	wieviel
costa [ɔ] Inf. **costare**	kostet
diecimila [dietʃimi:la]	zehntausend. ‚Eintausend' heißt *mille*.
lira *f*	Lira
sembra Inf. **sembrare**	er (sie, es) scheint
'ottimo [ɔ]	sehr gut
una qualità *pl.* **qualità**	eine Qualität
di 'ottima qualità	von bester Qualität
Lei [ε] **trova** [ɔ] Inf. **trovare**	Sie finden. *Lei* ist das Personalpronomen, das zur höflichen Anrede einer Person benutzt wird. Es folgt das Verb in der 3. Person Singular.
prezzo [ε] *m*	Preis
alto	hoch
mah	Ausruf des Zweifels. Etwa: ‚meinst du?'
au'mentano [ε] Inf. **aumentare**	sie steigen
sempre [ε]	immer, ständig
caro	teuer, lieb
oggi [ɔddʒi]	heute
prendiamo Inf. **prendere** [ε]	wir nehmen. Der Imperativ der 1. Person Plural ‚laßt uns nehmen!', ‚nehmen wir!' entspricht der 1. Person Plural des Indikativs.
(Loro) de'siderano?	Sie wünschen? *Loro* ist der Plural von *Lei*. *Loro* wird heute in der Umgangssprache immer seltener benutzt und bleibt hauptsächlich auf die Anrede von Kunden beschränkt. Stattdessen benutzt man auch bei Personen, die man nicht mit Vornamen anredet, die 2. Person Plural (*desiderate*) usw.).
qualche altra cosa [ɔ]	etwas anderes
tornare a casa [akka:sa]	nach Hause zurückkehren
prima	zuerst
devo [ε]	ich muß
visitare [z] 1. Pers. **'visito**	besuchen. *Andare a visitare* ‚besuchen gehen'.

Motta [ɔ]	Motta
pacchetto *m*	Päckchen
aspetti [ɛ] Inf. **aspettare**	du wartest
un po' [ɔ]	ein wenig. *Po'* ist eine Kurzform von *poco*.
lasci [laʃʃi] **fare a me!**	Lassen Sie mich machen! Um den [ʃ]-Laut vor ‚a' und ‚o' zu erhalten, muß ein ‚i' eingefügt werden. *Lascio, lascia* usw.
chiamare	rufen
nostro [ɔ]	unser
fattorino *m*	Bote, Laufbursche
a casa della signora	zum Haus der Dame
via *f*	Straße. *In via Dante Alighieri* ‚in der Dante-Alighieri-Straße'.
'visita *f* [z]	Besuch
biglietto *m* **da 'visita**	Visitenkarte
apre Inf. **aprire**	er (sie, es) öffnet
prego [ɛ] Inf. **pregare**	bitte! Wörtlich ‚ich bitte'.
10	
dieci [ɛ]	zehn
'decimo [ɛ]	der zehnte
dà Inf. **dare**	er (sie, es) gibt. Man setzt den Akzent, um das Verb von der Präposition *da* zu unterscheiden.
una lezione d'italiano	eine Italienisch-Stunde
a	zu. Die Präposition *a* kennzeichnet den Dativ (Wemfall).
'mio, 'mia, miei [mj'ɛ:i], **'mie**	mein, meine. Dem Possessivpronomen geht gewöhnlich — im Gegensatz zum Deutschen — der bestimmte Artikel voraus.
naso *m*	Nase
'occhio [ɔ] *m, pl* **occhi**	Auge
bocca *f*	Mund
gu'ancia *f, pl* **guance**	Wange
una mano, *pl* **le mani**	eine Hand
'tuo, 'tua, tuoi [tw'ɔ:i], **'tue**	dein, deine
bravo	ausgezeichnet! Wörtlich ‚tüchtig'.
continuare 1. Pers. **con'tinuo**	fortfahren
'suo, 'sua, suoi [sw'ɔ:i], **'sue**	sein, seine. Das Geschlecht des Besitzers spielt für das Possessivpronomen keine Rolle. Entscheidend sind Geschlecht und Zahl des folgenden Substantivs. *Suo* benutzt man bei einem Besitzer, das unveränderliche *loro* bei mehreren. Z. B. *la sua casa* ‚sein (oder ihr) Haus', *la loro casa* ‚ihr (Pl.) Haus'.
berretto *m*	Kappe
gli occhiali *m/pl*	die Brille. Im Italienischen immer im Plural.
scarpa *f*	Schuh
tanti, tante	so viele
parola [ɔ] *f*	Wort
'facile	leicht
imparare	lernen
italiano	italienisch. Der Artikel wird gesetzt nach Verben wie

	imparare, aber nicht nach *parlare*. *Parlare italiano* ‚italienisch sprechen'.
la lezione di oggi [ɔ]	die heutige Lektion
mancare	fehlen
soltanto	nur
nostro [ɔ]	unser
vostro [ɔ]	euer
senti [ɛ] Inf. sentire	höre
stanco	müde
è andata	sie ist gegangen
in città	in die Stadt
fare le spese	einkaufen. Wörtlich: ‚Ausgaben machen'.
arrivare	ankommen. Hier ‚kommen'.
loro	ihr. Zum Gebrauch s. *suo*.
prima di terminare	bevor wir Schluß machen. Wenn das Subjekt des Hauptsatzes identisch ist mit dem Subjekt des mit *prima* eingeleiteten Nebensatzes, setzt man nach *prima* den Infinitiv.
sa?	wissen Sie?
qual'è?	was ist? Zusammengezogen aus *quale+è*.
la parola [ɔ] più lunga [pjullunga]	das längste Wort
'lingua *f*	Sprache
davvero	wirklich. Eine Verbindung von *da* und *vero*.
non lo so [ɔ]	ich weiß es nicht
precipitevolissimevolmente	sehr ungestüm
11	
'undici	elf
undi'cesimo [ɛz]	elfte
'ridere	lachen
pa'ura *f*	Angst
aver pa'ura di	Angst haben vor
'smettere [z]	aufhören
di	von, zu. Im Italienischen steht der Infinitiv häufig nach der Präposition *di*, vor allem im Zusammenhang mit Verben des Gefühls- und Meinungsausdrucks. Der Infinitiv kommt aber auch ohne Präposition vor und nach *a* und *da*.
se	wenn
'correre	rennen
'mordere [ɔ]	beißen
vedere	sehen
gentile	freundlich
non ... mai	nie
chi'edere [ɛ]	fragen
co'noscere	kennen. Im Präsens haben die 1. Person Singular und die 3. Person Plural den [k]-Laut (*conosco* und *conoscono*), während die anderen Formen den [ʃ]-Laut aufweisen (*conosci*, *conosce* usw.). Die 2. und 3. Konjugation unterscheiden sich hierin von der 1., bei der die Aussprache

	des stammauslautenden Konsonanten unabhängig vom folgenden Endungsvokal immer gleich bleibt.
conosce bene [ɛ] i cani	er kennt sich mit Hunden aus. Im Italienischen setzt man bei allgemeinen, grundsätzlichen Feststellungen den bestimmten Artikel.
smetti!	hör auf!
pazienza [ɛ] f	Geduld
'prendere [ɛ]	nehmen
'serio [ɛ]	ernst. *Prendere sul serio* ,ernst nehmen'.
veramente	wirklich
pro'mettere	versprechen
pi'angere	weinen. Die 1. Person Singular und die 3. Person Plural haben den harten [g]-Laut (*piango, piangono*), während die anderen Formen das weiche [ʒ] aufweisen (*piangi, piange* usw.). Vgl. *conoscere*.
'scendere	hinabsteigen. *Scendere la scala* ,die Treppe hinuntergehen'.
chi'udere	schließen
però [ɔ]	jedoch, aber. *Però* hat eine ähnliche Bedeutung wie *ma*, wird aber gewöhnlich nicht an den Anfang eines Satzes gestellt.
lasciar entrare	hereinlassen. Wörtlich ,eintreten lassen'. Im Italienischen wird das Objekt (hier *il cane*) dem Hauptverb nachgestellt, wenn das Hilfsverb *lasciare* oder *fare* ist.
anno m	Jahr
settimana f	Woche
quali	welche. Plural von *quale*.
lunedì m	Montag
martedì m	Dienstag
mercoledì m	Mittwoch
giovedì m	Donnerstag
venerdì m	Freitag
'sabato m	Samstag
una stagione	eine Jahreszeit
primavera [ɛ] f	Frühling
un'estate	ein Sommer
autunno m	Herbst
inverno [ɛ] m	Winter
un mese	ein Monat
'dodici	zwölf
gennaio m	Januar
febbraio m	Februar
marzo m	März
aprile m	April
maggio m	Mai
giugno ['dʒuɲɲo] m	Juni
luglio ['luʎʎo] m	Juli
agosto m	August
settembre [ɛ] m	September
ottobre m	Oktober
novembre [ɛ] m	November

dicembre [ɛ] *m*	Dezember

12

dodi′cesimo [ɛz]	zwölfte
suonare 1. Pers. suono [sw′ɔ:no]	läuten
campanello [ɛ] *m*	Schelle, Glöckchen. *Suona il campanello* ‚es schellt'.
qualcuno	jemand
alla porta [ɔ]	an der Tür
strano	seltsam
presto [ɛ]	schnell
dormire 1. Pers. dormo [ɔ]	schlafen
vado Inf. andare	ich gehe
aprire 1. Pers. apro	öffnen
′io	ich. *Vado ad aprire io* ‚ich gehe öffnen'. Das Personalpronomen ist zur besonderen Betonung an den Schluß gestellt, auch wenn es hier Subjekt des Satzes ist.
capire 1. Pers. capisco	verstehen. Die meisten Verben der 3. Konjugation erweitern ihren Stamm in allen Singularformen und in der 3. Person Plural um die Silbe -*isc*-. Die Aussprache ist in der 1. Person Singular und der 3. Person Plural [isk] und in allen anderen Formen [iʃ]. Vgl. *conoscere*.
sentire 1. Pers. sento [ɛ]	hören
preferire 1. Pers. preferisco	vorziehen
ris′pondere	antworten
servire 1. Pers. servo [ɛ]	dienen, bedienen. *Non serve a niente* ‚es nutzt nichts'.
parlare	sprechen. Der Infinitiv ist hier Subjekt des Satzes.
va a chiamare ...	er geht ... rufen
picchiare 1. Pers. ′picchio	klopfen, schlagen
finire 1. Pers. finisco	aufhören
bussare	klopfen
un male	ein Leiden
testa [ɛ] *f*	Kopf
ter′ribile	schrecklich
cosa [ɔ] c'è [ɛ]?	was gibt's?
un suo amico	ein Freund von Ihnen
giù [dʒu]	unten
neanche	auch nicht, nicht einmal. *Neanch'io* ‚nicht einmal ich'.
venire 1. Pers. vengo [ɛ]	kommen
svegliare [z] 1. Pers. ′sveglio [zveʎʎo]	wecken
venire a svegliarmi	mich wecken zu kommen
mattina *f*	Morgen
senza [ɛ]	ohne
spedire 1. Pers. spedisco	schicken
senza spedirmi	ohne mir zu schicken
cartolina *f*	Postkarte
′lettera [ɛ] *f*	Brief
telefonare 1. Pers. te′lefono [ɛ]	telefonieren, anrufen

13

'tredici	dreizehn
tredi'cesimo [ɛz]	dreizehnte
intorno a	um ... herum
fotogra'fia *f*	Foto
fa'miglia *f*	Familie
ti ricordi [ɔ]? Inf. ricordarsi	erinnerst du dich?
una riunione	eine Versammlung
fa	vor. Wird nachgestellt: *un anno fa* ‚vor einem Jahr'.
cambiato Inf. cambiare	verändert
come siamo cambiati!	wie haben wir uns verändert!
noi	wir
siamo noi?	sind wir das?
ma sì [mas'si]	aber ja doch
mi ricordo [ɔ]	ich erinnere mich
be'nissimo	sehr gut
quello, quella	jener, jene; der da, die da
bambina *f*	Mädchen
quella bambina lì	das Mädchen da
sono io	bin ich
tu	du
il 'braccio *pl* le 'braccia *f*	Arm
cocco [ɔ] *m* di mamma	Muttersöhnchen
come al 'solito [ɔ]	wie üblich
cattivello [ɛ]	gemein. Diminutiv von *cattivo*.
voi	ihr
vi ricordate di tutto?	erinnert ihr euch an alles?
'ditemi Inf. dire	sagt mir
in primo piano	im Vordergrund. *Piano* bedeutet u.a. ‚Fläche', ‚Ebene'.
'zio *m pl* 'zii	Onkel. Wenn das *i* betont ist, setzt man im Plural *ii*. Vor Eigennamen stehen *zio* und *zia* ohne Artikel.
barba *f*	Bart
che barba lunga!	welch ein langer Bart!
si chiama Inf. chiamarsi	heißt. Wörtlich ‚ruft sich'.
'zia *f*	Tante
lei [ɛ]	sie
che	der, die, das (Relativpronomen)
sta seduta Inf. stare	(die) gerade sitzt. *Seduto* ist das Partizip Perfekt von *sedere* ‚sitzen'.
loro	sie. Für männlich und weiblich gemeinsame Form.
Loro come si chi'amano?	Wie heißen sie? *Loro* steht hier wegen der besonderen Betonung, die auf dem Wort liegt.
cugino *m*	Vetter
quando	wenn
da loro [dallo:ro]	bei ihnen (zu Hause)
ci divertiamo Inf. divertirsi 1. Pers. mi diverto [ɛ]	wir vergnügen uns
da morire [dammori:re]	zu sterben. *Ci divertiamo da morire* ‚wir haben einen Mordsspaß'.
si figuri Inf. figurarsi	stellen Sie sich vor

volta [ɔ]	mal
ci siamo vestiti Inf. **vestirsi**	wir haben uns angezogen
1. Pers. **mi vesto** [ɛ]	
da indiani	als Indianer
volevamo Inf. **volere**	wir wollten
scotennare	skalpieren
un autista *pl* autisti	ein Fahrer
fortuna *f*	Glück
per fortuna	glücklicherweise
lui [′lui]	er
era [ɛ] Inf. **essere**	war
calvo	kahlköpfig

14

quat′tordici	vierzehn
quattordi′cesimo [ɛz]	vierzehnte
prima colazione *f*	Frühstück
buon [ɔ] giorno	guten Morgen
accomodarsi 1. Pers.	Platz nehmen
mi ac′comodo [ɔ]	
ha dormito?	haben Sie geschlafen?
benone	ganz gut
l'I′talia *f*	Italien
in I′talia	in Italien. Auch ‚nach Italien'.
la Ger′mania	Deutschland. *In Germania* ‚in Deutschland'.
alzarsi	aufstehen
piuttosto [ɔ]	eher
tardi	spät
ci si alza	man steht auf. ‚Man' wird im Italienischen oft durch eine reflexive Form ausgedrückt: z. B. *si paga una multa*. Wenn das Verb schon reflexiv ist wie *alzarsi*, benutzt man *ci si* statt *si* zu wiederholen.
più presto [ɛ]	früher
che	als
′credere	glauben
la sera	der Abend
i bambini	die Kinder
coricarsi 1. Pers. **mi ′corico** [ɔ]	sich hinlegen, zu Bett gehen
più tardi	später
d'altra parte	andererseits
siesta [ɛ] *f*	Mittagsruhe
riposarsi 1. Pers.	ausruhen
mi riposo [ɔ]	
pome′riggio *m*	Nachmittag. *Nel pomeriggio* ‚am Nachmittag'.
accadere	geschehen
spesso	oft
′prendere [ɛ]	nehmen. Hier ‚essen', ‚trinken'.
dipende [ɛ] Inf. **di′pendere**	er (sie, es) hängt ab. Hier ‚je nachdem'.
ogni [oɲɲi]	jeder
modo [ɔ] *m*	Art

ad ogni modo	auf jeden Fall
di 'solito [ɔ]	gewöhnlich
un caffellatte	ein Milchkaffee. Ein zusammengesetztes Wort aus *il caffè* ‚Kaffee' und *il latte* ‚Milch'.
espresso [ɛ] *m*	Espresso
cappuccino *m*	Espresso mit aufgeschäumter Milch. Wörtlich ‚Kapuziner'.
tipo *m*	Art, Typ
non si 'prendono [ɛ] questi tipi di caffè	wir haben nicht diese Kaffeearten. Wörtlich ‚man nimmt nicht ...'. Die Zahl des Objekts entscheidet in diesem Fall, ob das Verb im Singular oder Plural steht.
gusto *m*	Geschmack
meno forte	weniger stark
alcuni	einige
preferire 1. Pers. **preferisco**	vorziehen
tazza *f*	Tasse
il tè	der Tee
un bicchiere [ɛ]	ein Becher, Glas
latte *m*	Milch
ac'corgersi [ɔ] di 1. Pers. mi accorgo	bemerken
'subito	sofort
nostal'gia *f*	Sehnsucht
aver nostal'gia di	Sehnsucht haben nach
pazienza [ɛ] *f*	Geduld. Hier ‚macht nichts'.
dice Inf. **dire**	sagt
pro'verbio [ɛ] *m*	Sprichwort
quel vostro [ɔ] pro'verbio	dieses Sprichwort von euch
un paese [z]	ein Land
vai Inf. **andare**	du gehst
usanza [z] *f*	Brauch, Sitte
trovare 1. Pers. trovo [ɔ]	finden
paese che vai, usanze che trovi	‚andere Länder, andere Sitten'

15

'quindici	fünfzehn
quindi'cesimo [ɛz]	fünfzehnte
vi'aggio *m*	Reise
a Roma [arro:ma]	nach Rom
ben tornati a casa [akka:sa]!	willkommen zu Hause!
fatto Inf. **fare**	gemacht. *Fatto* ist das Partizip Perfekt von *fare*.
avete fatto Perf. von **fare**	ihr habt gemacht. Das Hilfsverb der transitiven Verben ist immer *avere*.
siamo andati a vedere [avve'de:re]	wir haben uns angesehen. Wörtlich ‚wir sind gegangen zu sehen'. Intransitive Verben, vor allem solche der Bewegung, bilden die zusammengesetzten Zeiten mit *essere*.
il Colos'seo [ɛ]	das Kolosseum
San Pietro [ɛ]	Sankt Peter
museo [zɛ] *m*	Museum

i Musei Vaticani	die vatikanischen Museen
catacomba *f*	Katakombe
eccetera [et'tʃɛ:tera]	und so weiter. Die Abkürzung ist im Italienischen *ecc.*
siamo stati Perf. mit 'essere	wir sind gewesen
sempre [ɛ]	immer
insieme [ɛ]	zusammen
ha preferito	hat vorgezogen. Das *passato prossimo* bezeichnet vor allem eine einzelne abgeschlossene Handlung in der Vergangenheit.
partita *f* di calcio	Fußballspiel. *Il calcio* heißt ‚der Tritt'.
ho visto	ich habe gesehen. *Vedere* hat zwei Formen für das Partizip Perfekt: *visto* und *veduto*.
incontro *m*	Begegnung. Hier ‚Spiel'.
ma'gnifico	herrlich
tra	zwischen
la Roma, la Fiorentina	(die Fußballmannschaften von) Rom, Florenz. Die Bezeichnungen für Fußballmannschaften sind grammatikalisch weiblich.
i nostri [ɔ]	die unsrigen, unsere Mannschaft (d.h. die Florentiner).
riportare 1. Pers. riporto [ɔ]	zurückbringen, verzeichnen
vit'toria [ɔ] *f*	Sieg. *Riportare una vittoria* ‚siegen'.
strepitoso	außerordentlich, überwältigend
quattro a zero [addzɛ:ro]	vier zu null
appena	kaum
avuto Inf. avere	gehabt
aver il tempo [ɛ] di	Zeit haben zu
chi'udere	schließen
di giorno	tagsüber
perduto Inf. 'perdere [ɛ]	verloren. *Perdere* hat noch ein zweites Partizip Perfekt, nämlich *perso*.
secondo	zweite
preso Inf. 'prendere [ɛ]	genommen
un tassì	ein Taxi
guadagnare	gewinnen
un po' [ɔ] di tempo [ɛ]	ein wenig Zeit
è costato [ɛkkosta:to] Inf. costare Perf. mit *essere*	es hat gekostet
naturalmente	natürlich
capito Inf. capire 1. Pers. capisco	verstanden
ho capito [ɔkkapi:to]	ich habe verstanden
quando?	wann?
siete [ɛ] tornati	ihr seid zurückgekehrt. *Tornare* wird, wie *partire* und *arrivare* im nächsten Satz, mit *essere* konjugiert. Sie alle sind Verben der Bewegung.
partire 1. Pers. parto	abreisen
da Roma [darro:ma]	von, aus Rom. *Da* steht bei Verben des Abreisens, *di* bezeichnet dagegen den Ursprung: *sono di Roma* ‚ich bin (gebürtig) aus Rom'.
ieri [ɛ]	gestern

diret′tissimo *m*	D-Zug. *Un rapido* ist ein Schnellzug. In beiden Fällen ist das Wort *treno m* ‚Zug' überflüssig.
′proprio [ɔ]	gerade
cena *f*	Abendessen
meraviglioso	wunderbar
ci siamo divertiti	wir haben uns vergnügt. Reflexive Verben haben im Perfekt immer das Hilfsverb *essere*.
che ora è, che ore sono?	wie spät ist es?
oro′logio [ɔ] *m, pl* orologi	Uhr
è l'una [ɛllu:na]	es ist ein Uhr. *Ora* ist überflüssig.
sono le due	es ist zwei Uhr. *Sono* wird für alle Zeitangaben nach ein Uhr gebraucht.
quarto *m*	Viertel
le tre e un quarto	Viertel nach drei
le quattro meno un quarto	Viertel vor vier
mezzo [mɛddzo]	halb
le cinque e mezzo	halb sechs
cinquanta	fünfzig
quaranta	vierzig
venti	zwanzig
mezzogiorno [meddzodʒorno] *m*	Mittag
mezzanotte [meddzanɔtte] *f*	Mitternacht
a che ora?	um wieviel Uhr?
treno [ɛ] *m*	Zug
per	nach
Ve′nezia [ɛ]	Venedig
Torino	Turin
trenta	dreißig
all'una e trenta	(um) halb zwei

16

′sedici	sechzehn
sedi′cesimo [ɛz]	sechzehnte
acquisto *m*	Kauf
dimmi!	sag mir!
questa borsa l'ho trovata	ich habe diese Tasche gefunden. Das Personalpronomen *la* verliert als Objekt seinen Vokal in den gleichen Fällen wie der Artikel *la*. Das Partizip Perfekt stimmt in seiner Endung mit dem voraufgehenden Objekt überein. Wenn ein Substantiv dem Verb als Objekt vorgestellt ist (wie hier *questa borsa*), muß ein mit diesem in Geschlecht und Zahl übereinstimmendes Pronomen im Akkusativ (hier *la*) eingefügt werden.
ventimila	zwanzigtausend
quella della mamma	die der Mutter, Mutters
sciarpa *f*	Halstuch, Schal
non la vedi?	siehst du es nicht? *la* bezieht sich auf *sciarpa*.
non è mia	es ist nicht meins. Folgt das Possessivpronomen dem Verb *essere*, ist der bestimmte Artikel nicht mehr erforderlich.

occhiali *m/pl* **da sole**	Sonnenbrille
quegli occhiali	die Brille da. *Quello* wird vor einem Substantiv wie *dello* dekliniert.
abbastanza	ziemlich
quegli occhiali li ho pagati abbaszanza cari	für die Brille habe ich ziemlich viel bezahlt
ʹundicimila	elftausend
ci penso [ɛ] Inf. **pensare a**	ich denke daran. Bei Verben, die die Präposition *a* nach sich ziehen, ersetzt *ci* das mit *a* verbundene Objekt.
mi pare Inf. **parere**	mir scheint
guanto *m*	Handschuh
troppo	zu (viel)
stretto	eng
vorrei [ɛ] Inf. **volere**	ich möchte
ʹvendere	verkaufen
vuoi [ɔ] **provarli?**	willst du sie probieren?
volentieri [ɛ]	gern
codesto	dieser. Es gibt drei Demonstrativpronomen: *questo, codesto* und *quello*. *Questo* wird gebraucht, wenn der bezeichnete Gegenstand nahe bei der sprechenden Person ist, *codesto* wenn etwas nahe bei der angesprochenen Person ist und *quello* in allen übrigen Fällen. In den meisten Gegenden Italiens wird aber *codesto* durch *questo* ersetzt.
le hai comprate?	hast du sie gekauft?
macchè!	ach was!, überhaupt nicht!
dimenticarsi 1. Pers. **mi diʹmentico**	vergessen
portare 1. Pers. **porto** [ɔ]	tragen
da un mese	seit einem Monat
le porto da un mese	ich trage sie seit einem Monat
almeno	wenigstens
cappello [ɛ] *m*	Hut
non l'ho mai visto	ich habe ihn nie gesehen. *Lo* verliert seinen Endungsvokal vor einem folgenden Vokal.
prima	vorher
regalo *m*	Geschenk
nonno [ɔ] *m*	Großvater
lo provo [ɔ]	ich probiere ihn an (auf)
cosa [ɔ] **ne pensi** [ɛ]? Inf. **pensare di**	was hältst du davon? Bei Verben, die die Präposition *di* nach sich ziehen, ersetzt *ne* den mit *di* eingeleiteten Ausdruck.
stare	stehen. Hier im Sinne von ‚gut stehen'.

17

diciassette [ɛ]	siebzehn
diciassetʹtesimo [ɛz]	siebzehnte
il Natale	die Weihnacht; Weihnachten
regalo *m* **di Natale**	Weihnachtsgeschenk. *Il regalo* ‚das Geschenk'.
dare 1. Pers. **do** [ɔ]	geben
vi ha dato?	hat er euch gegeben?

ci ha dato	er hat uns gegeben
cosa [ɔ] *f*	Sache, Ding
un bel [ɛ] cappello [ɛ]	ein schöner Hut. *Bello* wird vor einem Substantiv wie *dello* dekliniert.
a me	mir. *Me* ist die betonte Form von *mi*, die immer nach einer Präposition gesetzt werden muß.
interessante	interessant
'eccolo [ɛ]	da ist er (es). Personalpronomen werden an *ecco* angehängt.
ti piace Inf. piacere 1. Pers. pi'accio	dir gefällt. Vgl. *ti piacciono questi libri?* ‚Gefallen dir diese Bücher?'
fantascienza [ɛ] *f*	utopischer Roman, science fiction. Zusammengesetzt aus *fantasia f* ‚Fantasie' und *scienza f* ‚Wissenschaft'.
un (un') astronauta *m* (*f*)	ein Astronaut, eine Astronautin. Einige auf *-a* endende Substantive können männlich oder weiblich sein (*artista* ‚Künstler', *autista* ‚Fahrer'). Das Geschlecht ist nur im Plural eindeutig an der Endung zu erkennen (*artisti — artiste, autisti — autiste*)
soprattutto	vor allem, besonders. Ein zusammengesetztes Wort aus *sopra* ‚über', ‚oberhalb' und *tutto* ‚alles'.
vestito di azzurro [ddz]	blau gekleidet
cosa [ɔ] gli succede [ɛ]? Inf. suc'cedere [ɛ]	was geschieht mit ihm?
americano *m*	Amerikaner, amerikanisch
atterrare 1. Pers. atterro [ɛ]	landen
un pianeta *pl* pianeti	ein Planet
sconosciuto [skonoʃʃu:to]	unbekannt. Vgl. *conosciuto* ‚bekannt'. Die Vorsilbe *s-*, die oft dem deutschen un- entspricht, gibt einem Wort die gegenteilige Bedeutung. So etwa auch *vestirsi* ‚sich anziehen' — *svestirsi* ‚sich ausziehen'.
un'aviatrice (un aviatore)	eine Pilotin (ein Pilot)
russo *m*	Russe, russisch
'unico	einzig
sopravvissuto *m* Inf. soprav'vivere	Überlebender. Das italienische Partizip Perfekt entspricht hier dem deutschen Partizip Präsens.
una ca'tastrofe	eine Katastrophe
gran	groß. *Gran* ist eine Kurzform von *grande*, die vor allen Konsonanten außer vor *z* und *s*+Konsonant benutzt wird.
astro'nautico	astronautisch
vede in lui	sie sieht in ihm
'angelo *m*	Engel
venuto Inf. venire	gekommen
terra [ɛ] *f*	Erde
tornare sulla Terra	zur Erde zurückkehren
col gran razzo [ddz]	in (mit) der großen Rakete. *Col* ist zusammengezogen aus *con*+*il*.
gli suc'cedono [ɛ] tante cose [ɔ]	vieles stößt ihm zu. *Gli* bedeutet sowohl ‚ihnen' (für beide Geschlechter) als auch ‚ihm'. Der Gebrauch von *loro* ‚ihnen' (man beachte die Stellung *succedono loro tante cose*) ist weniger familiär.
eccitante	aufregend

finalmente	schließlich
si 'sposano ['spɔːzano] Inf. sposarsi	sie heiraten
sciocchezza *f*	Dummheit, Unsinn
mi piace di più Inf. piacere 1. Pers. pi'accio	mir gefällt besser
vero	wahr
romanzo [dz] *m*	Roman
festa [ɛ] *f*	Fest
principale	hauptsächlich, Haupt-
Epifa'nia *f*	Epiphanias, Dreikönige
Pasqua *f*	Ostern
Ferragosto *m*	Ferragosto. Italienischer Nationalfeiertag am 15. August.
au'gurio *m*	Wunsch
rituale	rituell
Buon [ɔ] Natale!	Frohe Weihnacht! *Buono* wird vor einem Substantiv wie *uno* dekliniert.
Capodanno *m*	Neujahr
una fine	ein Ende
prin'cipio *m*	Anfang
tra	zwischen
Santo *m*	Heiliger. *Santo* wird als Adjektiv wie folgt verändert: in seiner männlichen Form wird es vor einem Vokal zu *Sant'*, vor einem Konsonanten zu *San* elidiert; vor *z* und *s* +Konsonant bleibt es unverändert *Santo*. Die weibliche Form *Santa* wird nur vor Vokalen zu *Sant'* verkürzt. In allen anderen Fällen bleibt sie erhalten.
i Santi più festeggiati Inf. festeggiare	die populärsten (wörtlich: am meisten gefeierten) Heiligen
contare	zählen
Giuseppe [zɛ]	Joseph
Giovanni	Johannes
Pietro [ɛ]	Peter
'Paolo	Paul
dopo	nach
'Stefano	Stephan
un'o'rigine	ein Ursprung
seguente [ɛ]	folgend
detto *m*	Redewendung
indicare 1. Pers. 'indico	bezeichnen
breve [ɛ]	kurz
durata *f*	Dauer
uno scrittore	ein Schriftsteller
un artista *pl* artisti (un'artista *pl* artiste)	ein Künstler (eine Künstlerin)

18

diciotto [ɔ]	achtzehn
diciot'tesimo [ɛz]	achtzehnte
vestiti *m/pl*	Kleider

'mettiti! Inf. 'mettersi	zieh an!
vestito *m*	Kleid
blu	blau
un mare	ein Meer
blu mare	meerblau. Vgl. *color sabbia* in Lektion 9.
'voglio [ɔ] Inf. volere	ich will
me lo 'voglio 'mettere	ich will es anziehen. Bei modalen Hilfsverben ist auch die Konstruktion *voglio 'mettermelo* möglich.
camicetta *f*	Bluse. Diminutiv von *camicia f* ‚Hemd'.
gonna *f*	Rock
scozzese	schottisch
calza *f*	Strumpf
che mi pi'acciono Inf. piacere	die mir gefallen
ubbidire 1. Pers. ubbidisco	gehorchen
una volta [ɔ] tanto	endlich einmal
deve [ɛ] venire Inf. dovere	wird kommen. Wörtlich ‚soll (muß) kommen'.
trovare 1. Pers. trovo [ɔ]	finden
che tu le appaia Inf. apparire	daß du ihr erscheinst
in 'ordine	ordentlich. *Ordine m* ‚Ordnung'.
e va bene [evvabbɛːne]	schon gut
dovrebbe [ɛ] pensare	sollte denken
sè	sich. Der Akzent soll eine Verwechslung mit der Konjunktion *se* ‚wenn' verhindern.
stesso	selbst
lana *f*	Wolle
pare Inf. parere	es scheint
donna [ɔ] *f*	Frau
stanno Inf. stare	sie stehen
una prigione	ein Gefängnis
ri'dicolo	lächerlich
cappellino *m*	Hütchen
per non parlare di	ganz zu schweigen von
cappotto [ɔ] *m*	Mantel
diventare 1. Pers. divento [ɛ] Perf. mit *essere*	werden
'smettila [z] Inf. 'smettere	hör auf damit
dici Inf. dire	du sagst

19

diciannove [ɔ]	neunzehn
dicianno'vesimo [ɛz]	neunzehnte
a 'tavola [at'taːvola]	bei Tisch
passare	reichen
un pane	ein Brot
te lo passo	ich reich es dir. Stehen zwei Personalpronomen zusammen, wandelt sich die schwache Form des ersten (*mi, ti, si*) in die jeweilige starke Form (*me, te, se*).
per favore	bitte. Im Anschluß an einen geäußerten Wunsch.

ꞌdammelo!	gib es mir! Besteht die 2. Person Singular eines Wortes aus einer Silbe (wie bei *dare, dire, fare, andare*), verdoppelt sich der erste Konsonant des angehängten Personalpronomens.
pizzaiola [ɔ] *f*	Pizzaiola Steak. Die dazugehörige Soße wird aus Tomaten und Kräutern hergestellt.
cucinare	kochen
un ristorante	ein Restaurant
lo sapevo che Inf. sapere	ich wußte, daß ... *Lo* bleibt im Deutschen hier unübersetzt.
avresti trovato	du würdest finden. Wörtlich ‚du hättest gefunden'.
rosmarino [z] *m*	Rosmarin
gli spinaci *m/pl*	der Spinat
così	so
mi piaceva Inf. piacere	mir gefiel
pasta *f*	Teig. Sammelbegriff für alle Nudelsorten.
asciutto	trocken
pasta asciutta	Spaghetti oder andere Nudeln, die mit Butter oder einer Soße serviert werden. Nicht zu verwechseln mit *pasta in brodo*, einer klaren Fleischbrühe mit Nudeleinlage.
ꞌvongola *f*	Venusmuschel
la carne	das Fleisch
cuoca [ɔ] *f*	Köchin. *Essere una cuoca bravissima* ‚eine ausgezeichnete Köchin sein'.
ꞌdiglielo [ˈdiʎʎelo] Inf. dire	sag's ihm. Das eigentliche Dativobjekt des Satzes ist *a tuo padre*, was hier durch *gli* vorgezogen wird, eine in der Umgangssprache gebräuchliche Praxis.
tuo padre	dein Vater. Vor Verwandtschaftsbezeichnungen im Singular steht das Possessivpronomen ohne Artikel. Man sagt *mio marito, mia madre, tuo fratello, sua sorella* usw. Ausnahmen sind *babbo, papà* und *mamma*, die immer den Artikel brauchen. Ebenso wird *loro* immer mit dem bestimmten Artikel gebraucht, z. B. *il loro nonno*.
dal momento che lui	da er ja schon
cosa c'entra?	was soll's?
difꞌficile	schwierig. Hier im Sinne von ‚anspruchsvoll'.
buongustaio *m*	Feinschmecker
fatto *m*	Tatsache
il solo fatto	die Tatsache allein
inꞌsistere a	bestehen auf
mangiare	essen
segno *m*	Zeichen
è segno che	ist ein Zeichen dafür, daß
in fondo	im Grunde
apprezzare 1. Pers. apprezzo [ɛ]	schätzen
cucina *f*	Küche
ringraziare 1. Pers. ringrazio [rinˈgrattsjo]	danken
un onore	eine Ehre

ti rin'grazio dell'onore	ich danke dir für die Ehre
commosso [ɔ]	gerührt

20

ven'tesimo [ɛz]	zwanzigste
una sua amica	eine Freundin von ihr
pronto	hallo. Wörtlich ‚bereit'. Die übliche Wendung zu Beginn eines Telefongesprächs.
caro	lieb
la salute	die Gesundheit
meglio ['mɛʎʎo] Komp. von bene	besser
anzi	im Gegenteil
'meglio di così	besser als so
si muore [ɔ] Inf. morire	man stirbt
perso [ɛ] Inf. 'perdere [ɛ]	verloren
'spirito m	Geist, Witz
in 'genere [ɛ]	im allgemeinen
peggio ['pɛddʒo] Komp. von male	schlechter
scherzare	scherzen
mi dica di lei [ɛ] Inf. dire	erzählen Sie mir von sich
piuttosto [ɔ]	statt dessen, lieber
trovarsi 1. Pers. mi trovo [ɔ]	sich befinden, hier ‚sich fühlen'.
senza [ɛ]	ohne
'dubbio m	Zweifel
più bello [ɛ] di	schöner als. Bei einem Vergleich zwischen zwei Personen oder Gegenständen setzt man *di* für das deutsche ‚als'.
la casa più grande che mai	das größte Haus, das je
c'è molto da fare [daf'fa:re]	es gibt viel zu tun
figli'oli [ɔ] m/pl	Kinder. Im umgangssprachlichen Italienisch häufig gebraucht anstelle von *figli*.
non c'è male	nicht schlecht. Wörtlich ‚es gibt kein Übel'.
il maggiore Komp. von grande	der Größere, der Älteste. *Maggiore* ist ein unregelmäßiger Komparativ und wird hauptsächlich beim Vergleich von Kindern innerhalb einer Familie gebraucht.
studioso	fleißig
sembrare	scheinen, sein wie
ometto m	kleiner Mann. Diminutiv von *uomo m* ‚Mann'.
'serio [ɛ]	ernsthaft
un'età	ein Alter
sempre [ɛ]	immer
irrequieto [ɛ]	unruhig
cattivo	schlecht. Hier ‚ungezogen'.
vivace	lebhaft
più vivace che cattiva	eher lebhaft als ungezogen. Werden zwei Eigenschaften der gleichen Person oder Sache miteinander verglichen, setzt man *che* für das deutsche ‚als'.
ecco [ɛ]	ja, eben. Zur Bestärkung des vorher Gesagten.

'grazie al cielo [ɛ]	dem Himmel sei Dank. *Il cielo* ‚der Himmel'.
pensiero [ɛ] *m*	Gedanke
la minore Komp. von 'piccolo	die Kleinere, Jüngere. *Minore* ist ein unregelmäßiger Komparativ und wird hauptsächlich beim Vergleich zwischen Kindern einer Familie benutzt.
a scuola [asskw'ɔːla]	in der Schule. Ohne Artikel im Italienischen. Vgl. Lektion 8 *andare a scuola* ‚zur Schule gehen'.
ottiene [ɛ] Inf. ottenere 1. Pers. ottengo [ɛ]	erhält
risultato *m*	Ergebnis
sempre [ɛ]	ständig
peggiore	schlechter. Komparativ von *cattivo* ‚schlecht'. Ist *cattivo* auf Personen bezogen, hat es den regelmäßigen Komparativ *più cattivo*.
distratto	zerstreut
indolente [ɛ]	träge
in questi giorni	in diesen Tagen
sperare 1. Pers. spero [ɛ]	hoffen
spero bene [ɛ]	ich habe Hoffnung
migliore Komp. von buono [ɔ]	besser
le 'faccio i mi'ei migliori auguri	ich wünsche Ihnen alles Gute
salutare	grüßen
mi saluti tanto i su'oi	grüßen Sie mir Ihre Lieben
un quartiere	ein Stadtviertel

21

ventuno	einundzwanzig
ventun'esimo [ɛz]	einundzwanzigste
un programma *pl* programmi	ein Programm
la TV [tivu]	das Fernsehen
solo	allein
a casa [akkaːsa]	zu Hause
uscire 1. Pers. esco [ɛ]	ausgehen
niente [ɛ]	nichts. Wenn *niente* (ebenso wie *nessuno, mai* usw.) vor einem Verb steht, entfällt das *non*.
può [ɔ] Inf. potere 1. Pers. posso [ɔ]	kann
turbare	stören
nessuno	niemand
allontanare	entfernen. Abgeleitet von *lontano* ‚weit'.
posto *m*	Platz
un televisore [z]	ein Fernsehgerät
che	der (hier als Relativpronomen)
qualche	einige. *Qualche* steht immer mit einem Substantiv im Singular, z. B. *qualche momento* ‚einige Augenblicke'.
tras'mettere [z]	übertragen
i bal'labili *m/pl*	die Tanzmusik. Vgl. *ballare* ‚tanzen'.
spet'tacolo *m*	Schauspiel, hier ‚Sendung'.

di 'cui	dessen
in'izio *m*	Anfang
di cui as'pettano [ɛ] **l'inizio**	auf dessen Anfang sie warten. Nach einer Präposition heißt das Relativpronomen *cui* und nicht *che*.
dedicare 1. Pers. **'dedico** [ɛ]	widmen
avventura *f*	Abenteuer
topo [ɔ] *m*	Maus
parlante	sprechend
un er'oe [ɔ]	ein Held
'musica [z] *f*	Musik
cessare 1. Pers. **cesso** [ɛ]	aufhören
improvvisamente [z]	plötzlich
ognuno	jeder
impazienza [ɛ] *f*	Ungeduld
alzare	hochheben, aufheben
di scatto	plötzlich
grazioso	hübsch
un'annunciatrice (un annunciatore)	eine Ansagerin (ein Ansager)
presentare [z] 1. Pers. **presento** [ɛ]	vorstellen
di tanto in tanto	von Zeit zu Zeit
ogni	jeder, jede, jedes (*ogni* ist unveränderlich)
impresa *f*	Unternehmung
fan'tastico	fantastisch
scambiare 1. Pers. **'scambio**	austauschen
si 'scambiano	sie tauschen untereinander. Im Italienischen gibt es kein eigenes Wort für ‚einander'. Die etwas umständliche Wendung *tra di loro* wird häufig durch eine Reflexivkonstruktion ersetzt.
'rapido	schnell
sorriso *m*	Lächeln
intesa *f*	Einverständnis
un monarca *pl* **monarchi**	ein Monarch
assoluto	absolut
regno *m*	Königreich
esce [ɛ] Inf. **uscire**	kommt heraus
portare per mano 1. Pers. **porto** [ɔ]	an der Hand führen
'suddito *m*	Untergebener
incantato	verzaubert
fanta'sia [z] *f*	Fantasie
inglese (*m*)	Engländer, englisch
co'noscere 1. Pers. **conosco**	kennen

22

ventidue	zweiundzwanzig
ventidu'esimo [ɛz]	zweiundzwanzigste
ricordo [ɔ] *m*	Andenken
guerra [ɛ] *f*	Krieg

ricordare 1. Pers. **ricordo** [ɔ]	erinnern. *Ricordare* kann wie hier transitiv oder wie in Lektion 13 intransitiv sein.
papà *m*	Papa
ero [ɛ] Inf. **'essere**	ich war
'giovane	jung
allora	damals
avevo Inf. **avere**	ich hatte
avevo 14 anni	ich war 14 Jahre alt. Das Imperfekt beschreibt Zustände, länger andauernde oder sich häufig wiederholende Handlungen in der Vergangenheit.
solo	erst
eravate Inf. **'essere**	ihr wart
eravamo Inf. **'essere**	wir waren
il Mugello [ɛ]	der Mugello, ein Bezirk in der Nähe von Florenz
campagna *f*	Land (im Gegensatz zu Stadt)
casa di campagna	Landhaus
ami'cizia *f*	Freundschaft
avevo fatto ami'cizia	ich hatte Freundschaft geschlossen
abi'tavano Inf. **abitare** 1. Pers. **'abito**	sie wohnten
'erano [ɛ] Inf. **'essere**	sie waren
sfollato	evakuiert
ve'nivano Inf. **venire** 1. Pers. **vengo** [ɛ]	sie kamen
a'ereo [ɛ] *m*	Flugzeug
inglese	englisch
contra'erea [ɛ] *f*	Flugzeugabwehr
cercava Inf. **cercare**	versuchte. Das Imperfekt gibt hier die ständige Wiederholung der Handlung wieder.
colpire 1. Pers. **colpisco**	treffen
da terra [dattɛrra]	zum Boden. *colpire da terra* ‚abschießen'.
corpo [ɔ] *m*	Körper. Hier ‚Einheit'.
artiglie'ria *f*	Artillerie
speciale	besonders, Sonder-
studiare 1. Pers. **'studio**	studieren
detto Inf. **dire** 1. Pers. **dico**	gesagt
devi [ɛ] Inf. **dovere** 1. Pers. **devo** [ɛ] oder **debbo** [ɛ]	du mußt
no [ɔ]?	nicht?
giusto	richtig
discorso *m*	Rede, Ansprache
discorsi da ragazzina	Mädchengeschwätz
'aria *f*	Luft
quante arie ti dai!	was spielst du dich auf!
tanto	so viel
eri [ɛ] **nato** Inf. **'nascere** mit *'essere*	du warst geboren
finirla Inf. **finire** 1. Pers. **finisco**	etwas beenden. Vgl. *smetterla* in Lektion 18.

arit'metica [ɛ] f	Arithmetik
piuttosto [ɔ]	lieber, statt dessen
succedeva Inf. suc'cedere [ɛ]	es geschah
mi trovavo Inf. trovarsi 1. Pers. mi trovo [ɔ]	ich befand mich
presente [zɛ]	zugegen
fu spezzato in due Inf. spezzare 1. Pers. spezzo [ɛ]	wurde mitten durchgebrochen. *Fu* ist das *passato remoto* von *essere*. Diese Zeitform wird für einmalige Ereignisse in der weiter zurückliegenden Vergangenheit benutzt. In der Umgangssprache wird das *passato remoto* immer mehr durch das *passato prossimo* verdrängt.
da un tiro	durch einen Schuß
bene [ɛ] aggiustato	genau gezielt
un pilota [ɔ] *pl* piloti	ein Pilot
'erano [ɛ] riusciti Inf. riuscire 1. Pers. riesco [ɛ] mit *essere*	es war ihnen gelungen
salvarsi	sich retten
uffa!	meine Güte!
noioso	langweilig
quanto siete [ɛ] noiosi!	ihr geht mir auf die Nerven! Bei Ausrufen mit *quanto* und *come* wird das Adjektiv immer an den Schluß gesetzt.
u'omo [ɔ] *m, pl* u'omini	Mann
discorsi da u'omini	Männergespräche
me ne vado Inf. an'darsene	ich gehe weg
calen'dario *m*	Kalender
dichiarare	erklären
sbarco [z] *m*	Landung. Eine Ableitung von *barca* ‚Boot'. Die Vorsilbe s- steht hier für ‚aus'. Vgl. Lektion 17.
alleato *m*	Verbündeter, Alliierter
la Si'cilia	Sizilien
in Si'cilia	in, auf Sizilien
licenziare 1. Pers. li'cenzio [s]	entlassen
Vit'torio Emanuele III [vit'tɔːrio emanuɛːle tɛrtso]	Viktor Emanuel III.
armis'tizio *m*	Waffenstillstand
lotta [ɔ] *f*	Kampf
partigiano *m*	Partisan
la liberazione	die Befreiung
la morte [ɔ]	der Tod
un refe'rendum [ɛ]	ein Referendum, Volksentscheid
un milione	eine Million
voto *m*	Stimme (bei einer Wahl)
re'pubblica *f*	Republik
monar'chia *f*	Monarchie
conferenza [ɛ] *f*	Konferenz
Parigi	Paris
trattato *m*	Vertrag
la pace	der Friede

agen'zia *f*	Agentur
agen'zia viaggi	Reisebüro
può? [ɔ] Inf. potere	können Sie?
1. Pers. posso [ɔ]	
un'informazione	eine Information
impiegato *m*	Angestellter
sarò [ɔ] Inf. 'essere	ich werde sein
lieto [ɛ]	froh
sarò lieto di servirla	ich stehe Ihnen gern zur Verfügung
devo [ɛ] Inf. dovere 1. Pers.	ich muß
devo oder debbo [ɛ]	
prenotare 1. Pers. prenoto [ɔ]	vormerken, buchen
partirà Inf. partire 1. Pers. parto	wird abfahren
vedrò [ɔ] Inf. vedere	ich werde sehen
accontentare	zufriedenstellen. Vgl. das Adjektiv *contento*.
vedrò di accontentarla	ich werde mich bemühen, Sie zufriedenzustellen
appunto	genau, eben
impos'sibile	unmöglich
oh bella [ɛ]!	schöne Angelegenheit!
ci sarà Inf. 'essere	es wird geben
uno 'sciopero [ɔ]	ein Streik
ferro'via *f*	Eisenbahn. Zusammengesetzt aus *ferro m* ‚Eisen' und *via f* ‚Weg'.
rimarranno Inf. rimanere 1. Pers. rimango Perf. mit *'essere*	sie werden bleiben
fermo	still
rimarranno fermi	werden nicht fahren
avremo Inf. avere	wir werden haben
una pa'ralisi [z]	eine Lähmung
completo [ɛ]	vollständig
trasporto [ɔ] *m*	Transport
potrà Inf. potere	Sie werden können
arriverà Inf. arrivare	Sie werden ankommen
muore [ɔ] Inf. morire	stirbt. Hier ‚endet'.
'voglio [ɔ] Inf. volere	ich will
lei troverà Inf. trovare	Sie werden finden
coincidenza [ɛ] *f*	Anschluß
nessuno, nessuna	keiner, keine. Das Endungs-*a* der weiblichen Form entfällt vor folgendem Vokal. *Nessuno* wird wie *uno* dekliniert.
fermarsi	stehenbleiben
male	schlecht. Hier ‚schade'.
posso [ɔ] Inf. potere	ich kann
assicurare	versichern
pentirsi di 1. Pers. mi pento [ɛ]	bereuen, bedauern
non avrà da pen'tirsene	Sie werden es nicht zu bereuen haben. Vor *ne* ändern die Pronomen *mi, ti, si* und *ci* ihren Vokal in *e*.

'**splendido** [ɛ]	herrlich
bolognese *m*	Bolognese
tipo *m*	Typ
stare per	dabei sein zu
in prima	in der ersten Klasse. *Classe f* kann ausgelassen werden.
come vuole [ɔ] Inf. **volere**	wie Sie wünschen
ecco [ɛ] **fatto**	erledigt

24

un vagone	Waggon, Wagen
vagone ristorante	Speisewagen
riunire 1. Pers. **riunisco**	versammeln
al gran completo [ɛ]	vollzählig
traballante Inf. **traballare**	schaukelnd. Das italienische Partizip Präsens wird fast ausschließlich adjektivisch benutzt. In der ersten Konjugation endet es auf *-ante*, in allen anderen auf *-ente*.
un cameriere [ɛ]	ein Kellner
ameno [ɛ]	lieblich, liebenswürdig
toscano	toskanisch
sta illustrando Inf. **illustrare**	ist dabei zu erklären. Das italienische Gerundium wird zusammen mit dem Verb *stare* gebraucht, um eine gerade sich ereignende Handlung zu bezeichnen. Die Gerundiumendung der ersten Konjugation ist *-ando*, die aller anderen *-endo*.
un menù [me'nu]	ein Menü
per cominciare 1. Pers. **co'mincio**	zu Anfang. Wörtlich ‚um anzufangen‘.
consigliare 1. Pers. **con'siglio**	raten
brodino *m*	Süppchen. Diminutiv von *brodo m* ‚Suppe‘, ‚Brühe‘. Wie alle Toskaner neigt der Kellner dazu, alle möglichen Nachsilben zu gebrauchen, z. B. die Diminutive *-ino* und *-ello*. Der Gebrauch der Suffixe stellt für den Ausländer einen der schwierigsten Aspekte der italienischen Sprache dar. Das dazu notwendige Sprachgefühl stellt sich in der Regel erst nach längerer Übung ein. Deshalb sollte man auf den häufigen Gebrauch der verschiedenen Suffixe lieber verzichten.
pollo *m*	Huhn
solo a vederlo	schon bei seinem Anblick
far venire l'acquolina in bocca	das Wasser im Mund zusammenlaufen lassen
un pesce [peʃʃe]	ein Fisch
annaffiare 1. Pers. **an'naffio**	besprengen
vinello [ɛ] *m*	‚Weinchen‘. Hier ist gemeint ‚ein ganz besonders feiner Wein‘.
risuscitare	auferstehen
far risuscitare i morti [ɔ]	die Toten auferstehen lassen
frutta *f*	Obst
fresco	frisch
for'maggio *m*	Käse

scelto Inf. 'scegliere ['ʃeʎʎere] 1. Pers. scelgo	ausgewählt
'meglio [ɛ] Komp. von bene	besser. Der Gebrauch des Adverbs *meglio* anstelle des (richtigeren!) *migliore* ist toskanische Gepflogenheit und gilt nicht für ganz Italien.
giubba *f*	(Herren)Rock. *Giubbe rosse* ist ein berühmtes Restaurant an der *Piazza della Repubblica* in Florenz, so genannt wegen der roten Jacken der Kellner.
pardon [par'dõ]	Entschuldigung. Aus dem Französischen entliehen.
signorino *m*	junger Mann
un gelatone	ein Rieseneis. Durch das Suffix *-one* wird eine Vergrößerung ausgedrückt.
locomotiva *f*	Lokomotive
frettoloso	eilig
si gu'ardano	sie sehen sich an
sorridendo [ɛ] Inf. sor'ridere	lächelnd
non può [ɔ] fare a meno di	kann nicht umhin zu
commentare	kommentieren
tosca'naccio *m*	Erztoskaner. Das Suffix *-accio* hat eine pejorative (verschlechternde) Funktion.
fa	macht. Hier ‚sagt'.
c'è scritto Inf. 'scrivere	steht geschrieben
copertina *f*	Umschlag
tiene [ɛ] Inf. tenere 1. Pers. tengo [ɛ]	hält
comodino *m*	Nachttisch
sbagliarsi [zb] 1. Pers. mi sbaglio ['zbaʎʎo]	einen Fehler machen
'titolo *m*	Titel
maledetto	vermaledeit
replicare 1. Pers. 'replico [ɛ]	erwidern
indulgente [ɛ]	nachsichtig
fare spallucce	mit den Schultern zucken. Das Suffix *-uccio, -uccia*, das oft eine Verniedlichung oder Verkleinerung bedeutet, ist hier an *spalla f* ‚Schulter' angehängt.
interviene [ɛ] Inf. intervenire 1. Pers. intervengo [ɛ]	unterbrechen, eingreifen
filastrocca [ɔ] *f*	Kinderreim
omino *m*	Männlein
piccino	ganz klein
picciò [ɔ]	ein — in Anlehnung an *piccino* — lautmalerisches Wort ohne Bedeutung
avea	in älteren Dichtungen vorkommende Form von *aveva* ‚hatte'.
sposare [z] 1. Pers. sposo [ɔ]	heiraten
donnina *f*	Fräulein. Diminutiv von *donna f* ‚Frau'.
sposini [z] *m/pl*	Brautpärchen. Diminutiv von *sposi* [z] *m/pl* ‚Brautleute'.
lavare	waschen. *Lavarsi i denti* ‚sich die Zähne putzen'.
dentino *m*	Zähnchen. Diminutiv von *dente* [ɛ] *m* ‚Zahn'.
lavandino *m*	Waschbecken

finire 1. Pers. finisco	enden
dentro	drinnen
buchino	Löchlein. Diminutiv von *buco m* ‚Loch'.

25

scompartimento *m*	Abteil
appena	kaum
sonnecchiare 1. Pers. son'necchio	schlummern
capo *m*	Haupt
appoggiare 1. Pers. ap'poggio [ɔ]	lehnen
il capo appoggiato	den Kopf angelehnt
spalliera [ɛ] *f*	Lehne
'leggere [ɛ] 1. Pers. leggo [ɛ]	lesen
giornaletto *m*	Heftchen. Diminutiv von *giornale m* ‚Zeitung'.
fumare	rauchen
eterno [ɛ]	ewig
corridoio *m*	Flur
ascoltare	zuhören
anziano	älter
'coniuge [ɔ] *m, f*	Gatte, Gattin
dis'cutere	diskutieren
tra loro [tralloːro]	untereinander
una voce	eine Stimme
sarebbe [ɛ] partito	er würde abgereist sein. *Sarebbe* ist die Konditionalform von *essere*. Steht das Verb im Hauptsatz in der Vergangenheit und ist die Handlung im Nebensatz möglich, wahrscheinlich oder nur gedacht, so benutzt man im Nebensatz das **condizionale passato**.
e invece	und statt dessen
venuto Inf. venire 1. Pers. vengo [ɛ]	gekommen
non avrà potuto	er wird nicht gekonnt haben
ecco [ɛ] tutto	hier: ‚das ist alles'
avrebbe [ɛ] dovuto	er hätte sollen
occupato	beschäftigt
'povero [ɔ] 'figlio	armer Junge
questo lo so [ɔ]	das weiß ich. Steht das Objekt (hier *questo*) vor dem Verb, muß ein diesem in Geschlecht und Zahl entsprechendes Personalpronomen eingefügt werden (hier *lo*).
farebbe [ɛ] Inf. fare	er würde tun
farebbe bene a ricordare	er würde gut daran tun, sich zu erinnern
un dovere	eine Pflicht
verso [ɛ]	gegenüber
dovresti avere	du solltest haben
verrà Inf. venire	er wird kommen
rag'giungere 1. Pers. raggiungo	erreichen
staremo a vedere [avvedeːre]	es bleibt abzuwarten
comunque	jedenfalls

dovremmo Inf. **dovere**	wir sollten
un'illusione [z]	eine Illusion
farsi delle illusioni	sich Illusionen machen
vorrei [ɛ] Inf. **volere**	ich möchte
sapere	wissen
da qualche tempo [ɛ]	seit einiger Zeit
sai cosa [ɔ] **ti dico?**	weißt du was? [verwetten'.
scommetterei [ɛ] **la testa** [ɛ]	ich schließe jede Wette ab. Wörtlich ,ich würde den Kopf
star dietro [ɛ] **a qualcuno**	jemandem nachlaufen
gli sta dietro	läuft ihm nach
lamentela [ɛ] *f*	Klage
tra un'ora	in einer Stunde
come mi piacerebbe [ɛ] Inf. **piacere**	wie es mir gefallen würde
la Scala	die Scala. Mailänder Opernhaus.
di sera	abends
ci andrai	du wirst dorthin gehen
passare	verbringen

26

serata *f*	Abend. Das Suffix -*ata*, angehängt an die Wörter *mattina f* ,Morgen', *giorno m* ,Tag' und *sera f* ,Abend' verlagert die Bedeutung dieser Wörter von der reinen Zeitangabe hin zu einer stärkeren Betonung der Dauer des jeweiligen Zeitabschnitts.
atto *m*	Akt
il Rigoletto	Oper von Verdi
un foyer [fwa'je]	ein Foyer. Entlehnt aus dem Französischen.
gremito	gedrängt voll
parata *f*	Parade
'critica *f*	Kritik
commento *m*	Kommentar
su	über
una toilette [twa'lɛt]	eine Garderobe. Entlehnt aus dem Französischen.
un'occasione [z]	eine Gelegenheit
d'oro [ɔ]	aus Gold
un'occasione d'oro	eine einzigartige Gelegenheit
malalingua *f*	Geschwätz, üble Nachrede
valere 1. Pers. **valgo**	wert sein
vicino a	nahe bei
un buffet [by'fɛ]	ein Büfett. Entlehnt aus dem Französischen.
conversare 1. Pers. **converso** [ɛ]	sich unterhalten
guardarsi intorno	sich umsehen
sapere 1. Pers. **so** [ɔ]	wissen. Hier ,können'.
nas'condere	verstecken, verbergen
una delusione [z]	eine Enttäuschung
cos'hai?	was hast du?, was ist los?
deluso [z]	enttäuscht
infatti	in der Tat

un'inaugurazione	eine Einweihung, Eröffnung
del 1959	von 1959. Bei Jahresangaben steht im Italienischen der [bestimmte Artikel.]
quello sì che fu	das war wirklich
passato remoto von 'essere	
'proprio [ɔ]	wirklich
vero e 'proprio [ep'prɔ:prio]	echt. Die Zusammenstellung zweier Wörter mit ähnlicher Bedeutung bewirkt eine Verstärkung.
avvenimento *m*	Ereignis
cantò [ɔ] pass. rem. von cantare	sang
la Callas	Maria Callas. Vor die Nachnamen bekannter Persönlichkeiten setzt man den Artikel.
favoloso	fabelhaft
prima *f*	Premiere
scandalizzato [ddz]	schockiert
avesti pass. rem. von avere	du hattest
un'espressione	ein Ausdruck
duro	hart
parlasti pass. rem. von parlare	du sprachst
insulto *m* a	Beleidigung für
mi'seria [zɛ] *f*	Armut, Elend
ebbi [ɛ] 'voglia [ɔ] pass. rem. von aver 'voglia	ich hatte Lust. Normalerweise ist das *passato remoto* die Zeitform für Berichte über Ereignisse der Vergangenheit. Hier ist es zur größeren Dramatisierung anstelle des Imperfekts *avevo voglia*, das ansonsten bei Verben der Gemütsbewegung benutzt wird, gebraucht.
rico'noscere 1. Pers. riconosco	wiedererkennen
avemmo pass. rem. von avere	wir hatten
una sensazione	ein Gefühl
as'sistere a	teilnehmen an
'unico	einzigartig
qualcosa [ɔ] di 'unico	etwas Einzigartiges
irripe'tibile	unwiederholbar
sfarzo [dz] *m*	Luxus, Prunk
finito	vorbei
vergognarsi di	sich für etwas schämen
un diadema [ɛ] *pl* diademi	ein Diadem
un brillante	ein Brillant
vestire di blu 1. Pers. vesto [ɛ]	blau kleiden
La donna è mobile	

Die Frau ist launisch	Es ist immer betrogen,
wie die Feder im Wind.	wer sich ihr anvertraut,
Sie ändert Tonfall	wer ihr leichtsinnig
und Gedanken.	sein Herz schenkt.
Immer ein liebliches,	Und doch fühlt sich keiner
holdes Gesicht.	vollkommen glücklich,
Im Weinen oder Lachen	der an jener Brust
ist es lügnerisch.	nicht der Liebe opfert.

27

vino *m*	Wein
micidiale	mörderisch
'tavolo *m*	Tisch
milanese *m*	Mailänder
nota [ɔ] *f*	Note, Anmerkung
'prendere [ɛ] nota	notieren
i cibi *m/pl*	die Speisen
ordinare 1. Pers. 'ordino	bestellen
bot'tiglia *f*	Flasche
vuol [ɔ] dire	bedeutet
latino *m*	Latein
stupidello [ɛ] *m*	Dummerchen. Diminutiv von *stupido* ‚dumm'.
esatto [z]	genau
caso [z] *m*	Fall
insomma	kurz und gut
raccontare	erzählen
an'eddoto [ɛ] *m*	Anekdote
un nome	ein Name
famoso	berühmt
laziale	aus Latium
il '500 (Cinquecento) [ɛ]	das 16. Jahrhundert. Von 1200 an ist es üblich, bei der Zählung von ganzen Jahrhunderten *mille* wegzulassen.
'vescovo *m*	Bischof
servitore *m*	Diener
'fecero pass. rem. von fare	sie machten
il Lazio ['lattsjo]	Latium
'pratico	praktisch
mandare	schicken
avanti	vorher, voraus
un 'ordine	ein Befehl
oste'ria *f*	Wirtshaus
cittadina *f*	Städtchen
a cento [ɛ] chi'lometri [ɔ] da	hundert Kilometer entfernt von
fedele	treu
assaggiare 1. Pers. as'saggio	probieren, kosten
vino moscato	Muskatellerwein
parve pass. rem. von parere 1. Pers. paio	schien
eccellente [ɛ]	ausgezeichnet
entusiasta [z] *m, f*	begeistert. Wörtlich ‚Enthusiast'.
scrisse pass. rem. von 'scrivere	schrieb
convenuto Inf. convenire 1. Pers. convengo [ɛ]	vereinbart
dopo	nachher
un padrone	ein Herr, Chef
sostare 1. Pers. sosto [ɔ]	anhalten, rasten
lesse [ɛ] pass. rem. von 'leggere [ɛ]	las

chi'ese [ɛ] pass. rem. von chi'edere [ɛ]	fragte
bere 1. Pers. bevo	trinken
chi'edere da bere [dabbe:re]	zu trinken bestellen
un oste [ɔ]	ein Wirt
si unì a lui pass. rem. von unire 1. Pers. unisco	schloß sich ihm an
compiacere 1. Pers. compi'accio	gefallen
un forestiero [ɛ]	ein Fremder
'bevvero pass. rem. von bere	sie tranken
mentre	während
accadde pass. rem. von accadere	es geschah
nulla	nichts
in'cauto	unvorsichtig
un viaggiatore	ein Reisender
sentirsi male 1. Pers. mi sento [ɛ]	sich elend fühlen
durante	während (vor Substantiven)
fece 'scrivere pass. rem. von fare scrivere	ließ schreiben
tomba *f*	Grab
'causa [z] *f*	Ursache
a 'causa di [ak'ka:uza]	wegen

28

erbi'vendolo *m*	Gemüsehändler
è un po' di giorni che non la vedo	seit ein paar Tagen habe ich Sie nicht gesehen
'mettere Part. Perf. messo	setzen, stellen, legen
un corno [ɔ] *pl* le corna *f*	ein Horn
'mettere le corna	‚versetzen', ‚Hörner aufsetzen'
sim'patico	nett
un quartiere [ɛ]	ein Stadtviertel
verdura *f*	Gemüse
che vada Konjunktiv von andare 1. Pers. vado	daß ich hingehe
dove vuole [ɔ] che vada?	wo soll ich Ihrer Meinung nach hingehen?
stamattina	heute morgen. Zusammengesetzt aus *questa* und *mattina*.
chilo *m*	Kilo
a'rancia rossa	Blutorange
sanguinare 1. Pers. 'sanguino	bluten
un cuore [ɔ]	ein Herz
stamane	heute morgen
galante	galant
più galante del 'solito [ɔ]	galanter als gewöhnlich
etto [ɛ] *m*	100 Gramm
ravanello [ɛ] *m*	Radieschen
mela *f*	Apfel

fava f	Bohne
burro m	Butter
lattuga f	Kopfsalat
l'è	sie ist. Dialektale Form der Toskana.
la pelle [ɛ]	die Haut
la su' pelle	= *la sua pelle* ‚Ihre Haut'. Die Verkürzung ist toskanischer Dialekt.

★29

macellaio m	Metzger
manzo m	Rind
filetto m	Filet
vitello [ɛ] m	Kalb
un osso [ɔ] pl le ossa f	ein Knochen
grasso	fett
carne tritata	Hackfleisch
aver fretta f	Eile haben
osso [ɔ] buco m	Beinscheibe
'tenero [ɛ]	zart
come quello dell'altra volta [ɔ]	wie das vom letzten Mal
calma f	Ruhe
preso Inf. 'prendere [ɛ]	genommen
dea [ɛ] f	Göttin
ci ha [tʃa]	= ha. *Ci* wird in der Umgangssprache oft vor *avere* gebraucht, ohne dessen Bedeutung zu verändern.
qua	hier
là	dort. Der Akzent soll eine Verwechslung mit dem gleichlautenden Artikel und Personalpronomen verhindern.
una alla volta [ɔ]	eine nach der anderen
per carità!	um Gottes Willen!
bellino	ganz nett. Diminutiv von *bello*.
sa?	wissen Sie?

★30

un droghiere [ɛ]	ein Lebensmittelhändler
sora Rosa [ɔz]	= signora Rosa. Florentiner Dialekt.
in che posso [ɔ] servirla?	womit kann ich Ihnen dienen?
capellini m/pl d''angelo	‚Engelshaar'. Eine Nudelart.
panetto m di burro	Paket Butter
'scatola f	Dose
formaggino m	Käseecke. Diminutiv von *formaggio*.
Bel Paese [z]	Bel Paese. Ein italienischer Weichkäse.
'zucchero m	Zucker
dimenticare 1. Pers. di'mentico	vergessen. Etwas vergessen heißt *dimenticarsi di una cosa* oder *dimenticare una cosa*. Ebenso: *ricordarsi di una cosa* oder *ricordare una cosa*.
una 'polvere	ein Pulver
bucato m	Wäsche
Ava Bucato	Waschpulvermarke

non c'è altro	das ist alles
ag'giungere 1. Pers. aggiungo	hinzufügen
conto *m*	Rechnung
aggiunga pure al conto	schreiben Sie es nur mit auf die Rechnung
pure	nur

31

democraticamente	demokratisch. Im Italienischen wird das Adverb gewöhnlich durch Anhängung der Silbe *-mente* an die weibliche Form des Adjektivs gebildet.
deciso [z] Inf. de'cidere	entschieden
'vengono [ɛ] decisi [z]	sie werden entschieden. Das Passiv wird, vor allem im Präsens, Imperfekt und Futur, gewöhnlich mit Hilfe von *venire* + Partizip Perfekt gebildet.
det'taglio *m*	Detail
è stata inaugurata Inf. inaugurare 1. Pers. in'auguro	wurde eingeweiht. In den zusammengesetzten Zeiten wird das Passiv nicht mit *venire*, sondern mit der entsprechenden Zeitform von *essere* + Partizip Perfekt gebildet.
da poco [dappɔːko]	seit kurzem
completare 1. Pers. completo [ɛ]	ergänzen, vervollständigen
viene [ɛ] così a completare	vervollständigt so
tutto	ganz, gesamt. *Tutto* steht vor dem bestimmten Artikel.
'Napoli *f*	Neapel
un totale	eine Summe
per un totale di	insgesamt
precisamente [z] Adj. preciso	genau
dobbiamo Inf. dovere	wir müssen
ora	nun
avanzare	vorbringen
proposta *f*	Vorschlag
maggioranza *f*	Mehrheit
accettare 1. Pers. accetto [ɛ]	annehmen
sarà accettata da tutti	wird von allen angenommen werden. Beim Passiv steht *da* für das deutsche ‚von'.
propongo Inf. proporre	ich schlage vor
fino a	bis
tappa *f*	Etappe, Abschnitt
con tappa di due giorni	zwei Tage Aufenthalt
quindi	danach
di nuovo [ɔ]	wieder
un''auto *f*	ein Auto
avanti	los
tocca a voi Inf. toccare	ihr seid dran. *Toccare* ‚berühren'.
una nave	ein Schiff
viaggiare 1. Pers. vi'aggio	reisen
in mare	auf dem Meer
possibilmente *Adj.* possibile	wenn möglich. Bei Adjektiven, die auf *-le* oder *-re* enden, entfällt das Endungs *-e* vor der Adverbialendung *-mente*.
un jet [dʒɛt]	ein Jet

contentarsi 1. Pers. mi contento [ε]	zufrieden sein
un bimotore	ein zweimotoriges Flugzeug
cielo [ε] *m*	Himmel
via cielo [ε]	auf dem Luftweg
uhm	hm
dif′ficile	schwierig
d'accordo [ɔ]	einverstanden
′mettersi d'accordo	übereinkommen
ritorno *m*	Rückreise
brava, mamma!	gut, Mama!
perfetto [ε]	perfekt
lasciare 1. Pers. ′lascio	lassen
portare 1. Pers. porto [ɔ]	bringen
votare	stimmen
stare per 1. Pers. sto [ɔ]	für etwas sein
pure	auch. *Pure* wird nachgestellt.
quindi	also
contro	gegen
tirare	ziehen
tirarsi indietro [ε]	zurückziehen, ‚einen Rückzieher machen'.
′libero	frei
scelta *f*	Wahl. Wählen heißt *scegliere*.
e va bene [evvabbε:ne]	schon gut
accolto [ɔ] Inf. accogliere [ak′kɔʎʎere] 1. Pers. accolgo [ɔ]	angenommen
′essere demo′cratici	demokratisch sein. Bei allgemeinen Ausdrücken wie diesem wird das Adjektiv in den Plural der männlichen Form gesetzt. Z. B. *quando si è malati* ‚wenn man krank ist'.

32

un'impressione	ein Eindruck
che tu abbia Konj. Präs. von avere	daß du hast. Nach einem Verb des Glaubens steht der Konjunktiv Präsens.
bevuto Inf. bere 1. Pers. bevo	getrunken
neces′sario	nötig
più del neces′sario	mehr als nötig
cosa [ɔ] te lo fa pensare [ε]?	wie kommst du darauf?
′correre	laufen, hier ‚fahren'.
troppo [ɔ]	zu schnell
sui centoventi all'ora	um die 120 km pro Stunde
irresis′tibile	unwiderstehlich
invito *m*	Einladung
una velocità	eine Geschwindigkeit
lontano	weit
portar lontano	weit kommen
cimitero [ε] *m*	Friedhof
pieno [ε] di	voll von
gente [ε] *f*	Leute

arrivare prima	als erste ankommen
mi fai rabbrividire	du machst mich schaudern
1. Pers. rabbrividisco	
apposta [ɔ]	absichtlich
perchè tuo padre sia	damit dein Vater ... ist. In Sätzen, die eine Absicht ausdrücken, steht der Konjunktiv.
Konj. Präs. von 'essere	
prudente [ɛ]	vorsichtig
'opera [ɔ] f	Werk, Unternehmung
'pubblico	öffentlich
realizzare [ddz]	verwirklichen, durchführen
che sia stata mai realizzata	die je durchgeführt wurde. Der Konjunktiv wird benutzt in Relativsätzen, denen ein Superlativ vorausgeht.
stato m	Staat
gli Stati Uniti m/pl	die Vereinigten Staaten
la Ger'mania	Deutschland
una rete	ein Netz
autostradale	Autobahn-
per la rete autostradale	was das Autobahnnetz angeht
un lettore (una lettrice)	ein Leser (eine Leserin)
sta'tistica f	Statistik
come te	wie du. Nach *come* und anderen Präpositionen benutzt man die betonten Pronomen.
un panorama pl panorami	ein Panorama
vai più piano!	fahr langsamer! Im umgangssprachlichen Italienisch wird oft die zweite Person Singular anstelle des Imperativs benutzt, vor allem bei den Verben *andare, stare* und *fare*.
fifone m fifona f	Feigling
far finta	so tun als ob
far finta che 'abbiano ...? ragione Konj. Präs. von avere	so tun, als hätten sie Recht. Nach *far finta* steht der Konjunktiv.
pensi [ɛ] che 'siano Konj. Präs. von 'essere	glaubst du, daß sie ... sind?
tranquillo	ruhig
novanta	neunzig
beh [ɛ]	oh
che tu sia disposto	daß du bereit bist. Da die Endungen des Konjunktiv Präsens im Singular alle gleich lauten, setzt man zur größeren Eindeutigkeit das Personalpronomen.
'cedere [ɛ]	nachgeben
un chi'lometro [ɔ] di più	ein Kilometer mehr
ne va del tuo onore di uomo [ɔ]	das geht gegen deine Ehre als Mann
sportivo	sportlich

33

che e'sistano [z] Konj. Präs. von e'sistere	die existieren. Konjunktiv wegen des voraufgehenden Superlativs.
al mondo	auf der Welt
circo m	Zirkus

antico	antik, alt. Substantive und Adjektive auf -*ico* bilden den Plural gewöhnlich auf -*ichi*, wenn die vorletzte Silbe betont ist (Ausnahme *amico — amici*). In den anderen Fällen ist die Pluralendung -*ici*. Vgl. *democratico — democratici*.
romano *m*	Römer, römisch
lo era [ɛ]	das war es. Wenn *lo* wie hier eine neutrale Bedeutung hat, wird es vor Vokalen nicht apostrophiert.
'stadio *m*	Stadion
Domiziano	Domitian
pochi, poche [ɔ]	wenige
che 'serbino [ɛ] Konj. Präs. von **serbare**	die bewahren. Hier steht der Konjunktiv, weil das vorhergehende *poche* als Superlativ qualifiziert wird.
forma *f*	Form
originale	original
bordo *m*	Rand
fontana *f*	Brunnen
passo *m*	Schritt
falso	falsch
fare un passo falso	einen falschen Schritt machen
che tu faccia	daß du machst. Konjunktiv nach einem Ausdruck des Befürchtens.
niente [ɛ] **male**	keine Angst
va di moda [ɔ]	es ist Mode
farsi il bagno	(zu) baden
un'attrice (un attore)	eine Schauspielerin (ein Schauspieler)
di pas'saggio	auf Durchreise, zufällig anwesend
che ... si sentano [ɛ] Konj. Präs. von **sentire**	daß ... sich fühlen. Konjunktiv nach dem unpersönlichen Ausdruck *pare* als einem Verb des Glaubens, Meinens.
sentirsi a suo 'agio	sich wohl fühlen
acqua ['akkwa] *f*	Wasser
si direbbe [ɛ]	man würde sagen
che tu creda Inf. 'credere	daß du glaubst. Konjunktiv nach Verben des Denkens und Glaubens.
mille	eintausend
'metter bocca	den Mund auftun
'vivere	leben
poco [ɔ]	kurze Zeit
chissà	wer weiß. Zusammengesetzt aus *chi* und *sa*.
prima che possiamo	bevor wir können. Nach *prima che* steht der Konjunktiv, der hier an der Endung nicht zu erkennen ist, weil sie mit der des Indikativs identisch ist.
tornarci	hierher zurückkehren
uno	einer, hier im Sinne von ‚man'.
buttare	werfen
c'è una fontana che se uno ci butta	umgangssprachliche Konstruktion, etwa: ‚es gibt einen Brunnen, wo, wenn man hineinwirft'
moneta *f*	Geldstück
ritornare	zurückkehren
così 'dicono	so sagt man
leggenda [ɛ] *f*	Legende

una delle tante leggende	eine der vielen Legenden. *Tanto, tanti* usw. (soviel) bedeutet oft einfach ,viel'. Vgl. *tanti saluti* ,viele Grüße'.
leggen'dario	legendär
che ci si vada Konj. Präs. von andare 1. Pers. vado	daß wir dahingehen. Die reflexive Form der dritten Person Singular (*si va*) vertritt in der Regel das unpersönliche ,man', kann aber oft auch im Deutschen mit der 1. Person Plural wiedergegeben werden. Das dem *si* vorausgehende *ci* ist ein Adverb und bedeutet ,dort', ,dorthin'.
rispetto [ɛ] *m*	Respekt
congiuntivo *m*	Konjunktiv
via	weg, los
Piazza di Trevi [ɛ]	Piazza di Trevi

34

zoo'logico [dzoo'lɔ:dʒiko]	zoologisch
corri	du rennst
già	schon
'scimmia *f*	Affe
scappare	weglaufen, entwischen
siamo potuti venire	wir haben kommen können. Die zusammengesetzten Zeiten von Modalverben können das Hilfsverb *essere* vom folgenden Verb übernehmen.
da solo [dasso:lo]	allein
'merito [ɛ] *m*	Verdienst
è 'merito mio	es ist mein Verdienst. In bestimmten Ausdrücken wird das Possessivpronomen ohne bestimmten Artikel benutzt und zur stärkeren Betonung nachgestellt.
badare a	aufpassen auf
che a te avrei [ɛ] badato io	daß ich auf dich aufpassen würde. Steht das Verb im Hauptsatz in der Vergangenheit, steht in dem eine Absicht ausdrückenden Nebensatz das *condizionale passato*.
calmarsi	sich beruhigen
aver delle responsabilità	Verantwortung haben
su di te	über dich. Auf manche Präpositionen (z. B. *su, sotto, dentro* usw.) muß *di* folgen, wenn sie vor einem Personalpronomen benutzt werden.
ma come [makko:me]!	und wie!
'compiere	erfüllen
se ha compiuto quarant'anni	wenn er doch vierzig Jahre alt geworden ist
in'utile	unnütz, zwecklos
un animale	ein Tier
collo [ɔ] *m*	Hals
lungo lungo	sehr lang. Die Wiederholung eines Adjektivs bewirkt seine Verstärkung.
giraffa *f*	Giraffe
ma'estra [ɛ] *f*	Lehrerin
disegnare	zeichnen
quando ebbe [ɛ] finito	als sie fertig war. Für das deutsche Plusquamperfekt gibt es im Italienischen zwei Übersetzungen: das *trapassato prossimo* und das *trapassato remoto*. Letzteres wird in Ne-

	bensätzen gebraucht, wenn in deren zugehörigen Hauptsätzen das *passato remoto* steht.
dissi pass. rem. von **dire** 1. Pers. **dico**	ich sagte
gallina *f*	Huhn
lei [ɛ] **ci rimase un po'** [ɔ] **male** pass. rem. von **rimanere** 1. Pers. **rimango** mit *essere*	sie war deswegen ein wenig betroffen
camminare	gehen
cammina!	geh weiter!
chiacchierone *m*	Schwätzer. Für manche Wörter auf *-one* gibt es auch die weibliche Form *-ona*, wie z. B. *padrone — padrona, fifone — fifona* („Angsthase").
elefante *m*	Elefant
ha il naso che gli è sceso fino a terra [ɛ] Inf. **'scendere**	hat eine Nase, die bis zur Erde hinuntergeht
una pro'boscide [ɔ]	ein Rüssel
ignorante *m, f*	Ignorant, Dummkopf
seccare	langweilen, wörtlich ‚trocknen'
vu'oi [ɔ] Inf. **volere** 1. Pers. **'voglio** [ɔ]	du willst
incosciente [ʃʃɛ] *m, f*	Idiot, wörtlich ‚bewußtlos'

35

sull'autostrada ci 'passano	auf der Autobahn fahren. *Ci* ‚dort' wird oft eingeschoben, wenn die Ortsangabe vor und das Substantiv nach dem Verb steht.
un 'camion *pl* **'camion**	ein Lastwagen. Substantive, die auf einen Konsonanten enden, haben normalerweise keine eigene Pluralform.
perché	warum
due non fa tre	zwei ist nicht drei
se facesse tre Konj. Imp. von **fare**	wenn es drei wäre. Der Konjunktiv Imperfekt wird gebraucht in den mit *se* eingeleiteten konditionalen Nebensätzen.
un re *pl* **re**	ein König
anti'patico!	Ekel! wörtlich ‚unsympathisch'.
quelli che hanno	die, die haben
carretto *m*	Handkarre
una moto [ɔ] *pl* **moto**	ein Motorrad. Abkürzung von *motocicletta*.
vespa [ɛ] *f*	Vespa (Motorroller). Wörtlich ‚Wespe'.
strada *f*	Straße
lusso *m*	Luxus
biglietto *m*	Karte
far caso [z] **a**	achten auf
non ci avevo fatto caso	ich hatte nicht darauf geachtet
che non si pagasse Konj. Imp. von **pagare**	daß wir nicht bezahlt haben. Die Verben, die im Präsens den Konjunktiv Präsens nach sich ziehen (wie hier *pensare*), erfordern, wenn sie in einer Form der Vergangenheit stehen, im Nebensatz den Konjunktiv Imperfekt.

la Francia	Frankreich
nessun altro paese [z]	kein anderes Land
l'Europa [ɔ] *f*	Europa
paese d'Europa	Land Europas. Namen von Ländern und Kontinenten stehen ohne Artikel, wenn ihnen die Präpositionen *in* (*in Francia*) oder *di* (*di Francia*) vorausgehen.
il denaro	das Geld
provvedere a	dafür sorgen, daß
risarcire 1. Pers. **risarcisco**	entschädigen
se a'vessimo Konj. Imp. von **avere**	wenn wir hätten
la compreresti un'autostrada	würdest du eine Autobahn kaufen. Das Personalpronomen *la* nimmt das Objekt *autostrada* vorweg, eine in der italienischen Umgangssprache häufige Konstruktion, die in der deutschen Übersetzung keinen Niederschlag findet.
domanda *f*	Frage
'stupido	dumm
'lasciala dire	laß sie reden
se sapesse Konj. Imp. von **sapere**	wenn sie wüßte
non avrebbe [ɛ] la sua età	würde es nicht ihrem Alter entsprechen
è per quello che	eben darum
'crescere 1. Pers. **cresco** Perf. mit '*essere*	wachsen
letto [ɛ] Inf. '**leggere** [ɛ] 1. Pers. **leggo** [ɛ]	gelesen
'leggere su un libro	in einem Buch lesen
un'abi'tudine	eine Gewohnheit
aver l'abi'tudine di	die Angewohnheit haben zu
non cresci per niente [ɛ]	du wächst kein bißchen
nanetto *m*	Zwerglein. Diminutiv von *nano m* ‚Zwerg'.
schiaffo *m*	Ohrfeige
provare 1. Pers. **provo** [ɔ]	versuchen
avanti, '**provaci** [ɔ]!	los, versuch's doch!
prima che nasceste voi Konj. Imp. von '**nascere**	bevor ihr geboren wurdet. Nach *prima che* steht der Konjunktiv. Der Form nach könnte *nasceste* auch *passato remoto* sein.
s'era [ɛ] in due a dis'cutere	waren es zwei, die diskutierten. Vgl. *In quanti siete? — Siamo in due.* ‚Zu wievielen seid ihr? — Wir sind zu zweit'.
ora non ci mancate che voi	jetzt fehlt nur noch ihr

*36

passeggiata *f*	Spaziergang
fare una passeggiata	spazierengehen
lungo	längs
Via Ca'racciolo	Via Caracciolo
'aria *f*	Luft
doce	= *dolce* ‚mild' (neapolitanisch)
perfino	sogar
avvertire 1. Pers. **avverto** [ɛ]	bemerken

'fascino *m*	Zauber, Faszination
rinunciare a 1. Pers. ri'nuncio	verzichten auf
abituale	gewohnt, üblich
monelle'ria *f*	Spitzbüberei
ecco [ɛ] che ... co'mincia	nun fängt an
brezza [ddz] *f*	Brise
leggero [ɛ]	leicht
increspare	kräuseln
onda *f*	Welle
lampara *f*	Fischerboot mit einer Lampe, deren Licht die Fische anzieht
ac'cendere [ɛ]	anzünden
che si ac'cendono [ɛ]	die angezündet werden. Im Italienischen wird das Passiv oft durch die reflexive Form des Aktivs umschrieben.
'sorgere Perf. mit *'essere*	entstehen, ‚auftauchen'
come se fosse sorta	als wäre aufgetaucht. Konjunktiv Plusquamperfekt nach *come se*.
d'incanto	durch einen Zauber
quasi [z]	fast
desi'derio [ɛ] *m*	Wunsch
viene [ɛ] il desi'derio	hat man den Wunsch
dif'ficile da dimenticare	schwer zu vergessen. Bei *facile* und *difficile* sind zwei Konstruktionen möglich: entweder *facile (difficile) da dimenticare* oder *facile (difficile) a dimenticare*.
talvolta [ɔ]	manchmal
apparire 1. Pers. appaio	erscheinen
creatura *f*	Kreatur
vivo	lebendig
suggestione *f*	Suggestion, Einfluß
diretto [ɛ]	direkt
misterioso	geheimnisvoll
natura *f*	Natur
'prendersi [ɛ] una rivincita su	Vergeltung üben an
una luce al 'neon [ɛ]	ein Neonlicht
motoretta *f*	Moped
ronzante [dz]	brummend
un 'autobus	ein Bus
traballare	schwanken
selciato *m*	(Straßen-)Pflaster
ruggire 1. Pers. ruggisco	brüllen
asfalto *m*	Asphalt
'strepito [ɛ] *m*	Lärm
frastuono [ɔ] *m*	Getöse
ciò [tʃɔ]	das
tutto ciò che fa di 'Napoli una città	all das, was Neapel zur Stadt macht
or'giastico	orgiastisch
infernale	infernalisch, von *inferno m* ‚Hölle'.
adagiarsi 1. Pers. mi a'dagio	sich niederlassen, sich ausstrecken
viene [ɛ] ad adagiarsi	streckt sich aus. An die Präposition *a* und die Konjunk-

154

	tionen *o* und *e* wird vor Vokalen oft ein -*d* angefügt, um die Aussprache zu erleichtern.
sospeso Part. Perf. von **sos'pendere** [ɛ]	schwebend. Wörtlich ‚aufgehängt'.
soprannaturale	übernatürlich. *Sopra* ‚über' gehört zu den wenigen zweisilbigen Wörtern, die eine Verdopplung des folgenden Konsonanten bewirken.
'**tregua** *f*	Waffenstillstand, Pause
firmare	unterzeichnen
durare	dauern
ricominciare 1. Pers. **rico'mincio**	wiederbeginnen
rumoroso	lärmend
sopportare 1. Pers. **sopporto** [ɔ]	ertragen
chiasso *m*	Lärm
fuggire 1. Pers. **fuggo**	fliehen
diffidare di	einer Sache mißtrauen
'**scomodo** [ɔ]	unbequem
mera'viglia *f*	Herrlichkeit
'**luccica** Inf. **luccicare**	glänzt
astro *m*	Stern
argento [ɛ] *m*	Silber
'**placido**	ruhig
onda *f*	Welle
'**prospero** [ɔ]	blühend, angenehm
vento [ɛ] *m*	Wind
'**agile**	wendig
barchetta *f*	kleines Boot
'**zeffiro** [dzɛ] *m*	milder Südwind
soave	mild
su!	auf!
passeggiero [ɛ] *m*	Passagier
dolce	süß
suol = **suolo** [ɔ] *m*	Boden, Erde
beato	gesegnet
ove = **dove**	wo
volle [ɔ] pass. rem. von **volere**	wollte
creato *m*	Schöpfung
impero [ɛ] *m*	Reich
armo'nia *f*	Harmonie
or ché = **ora perché**	nun warum
spirare	wehen
auretta *f*	Lüftchen
fresco	frisch

37

piscina *f*	Schwimmbad
'**faccia** *f*	Gesicht
da un'altra parte	irgendwo anders hin

perdonare	verzeihen
il mal di mare	die Seekrankheit
ac'corgersi [ɔ] Part. Perf. accorto [ɔ]	bemerken. Bei reflexiven Verben stimmt wie bei allen mit *essere* konstruierten Verben die Endung des Partizip Perfekt mit dem Subjekt überein.
dar fas'tidio	stören, ‚auf die Nerven gehen'
arrabbiarsi 1. Pers. mi ar'rabbio	sich ärgern
laggiù	dort unten. Zusammengesetzt aus *là* ‚dort' und *giù* ‚unten'.
terra [ɛ] *f*	Land, Erde
siamo vicini	wir sind nahe. *Vicino* ist hier adjektivisch benutzt. Vgl. *vicino* als Adverb in Wendungen wie *abitar vicino* ‚nahebei wohnen'.
quand'è che	wann. Die Elision von Konjunktionen wie *quando* und *come* ist im gesprochenen Italienisch recht häufig.
il mare	das Meer. Gemeint ist ‚das rauhe Meer'.
poverino *m*	Ärmster. Diminutiv von *povero*.
ancora?	immer noch? Gemeint ist hier ‚hörst du immer noch nicht auf?'
scusa [z] Inf. scusare	entschuldige! *Scusa* ist der Imperativ von *scusare* ‚entschuldigen'. Die entsprechende Höflichkeitsform lautet *scusi*.
non ti ci devo [ɛ] far pensare [ɛ]	ich darf dich nicht daran erinnern
fai così! Inf. fare	mach es so! Die 2. Person Singular steht hier anstelle des Imperativs.
montagna *f*	Gebirge
l'Etna [ɛ] *f*	der Ätna
vulcano *m*	Vulkan
pericoloso	gefährlich
sarà pericoloso?	ob er gefährlich ist? Das Futur wird oft benutzt, um Unsicherheit oder Zweifel auszudrücken.
macché	ach was!
mi vien 'voglia [ɔ]	ich bekomme Lust
gettare 1. Pers. getto [ɛ]	werfen
se fossi in te Konj. Imp. von 'essere	wenn ich du wäre
volesti pass. rem. von volere	du wolltest
tuffarsi	ins Wasser springen
barca *f*	Boot
affogare	ertrinken
per poco [ɔ] non affogavi	beinahe wärst du ertrunken
filar via	weggehen, ‚abhauen'
brutto	häßlich, unangenehm
brutta cosa [ɔ] il mal di mare	eine häßliche Sache, so eine Seekrankheit

*38

siciliano *m*	Sizilianer, sizilianisch
'isola [z] *f*	Insel

il vi'aggio nell'isola	die Fahrt zur Insel. *Nell'isola* bedeutet ‚auf der Insel' und ‚zur Insel'. Vgl. *In Italia* — ‚in Italien', ‚nach Italien'.
credo di sì	ich glaube ja
una 'serie [ɛ] *pl* serie	eine Serie
ar'ticolo *m* su	Artikel über
un problema [ɛ] *pl* problemi	ein Problem
ah sì?	wirklich?
un'opinione	eine Meinung
in pro'posito [ɔz]	diesbezüglich
uno dei fatti	eine der Tatsachen
no'tevole	bemerkenswert
il dopoguerra [ɛ]	die Nachkriegszeit
mutamento *m*	Veränderung, Wechsel
un ca'rattere	ein Charakter
parlando	wenn man spricht
te'ner presente [zɛ]	sich vor Augen halten
luogo [ɔ] *m*	Platz
comune	allgemein
luogo comune *m*	Gemeinplatz, allgemeine Überzeugung
la Tri'nacria	Trinacria, alter Name für Sizilien
diviso [z] Inf. di'videre	geteilt
che vuole [ɔ] l'antica Tri'nacria divisa	nach dem das antike Trinacria geteilt ist
fascia *f*	Binde, Band, hier ‚Zone'
orientale	östlich
industrioso	betriebsam, rührig
bizantino [ddz]	byzantinisch
lavoratore *m* lavoratrice *f*	Arbeiter, Arbeiterin
affidarsi a	sich anvertrauen
violenza [ɛ] *f*	Gewalt
astuto	schlau
'saggio	weise
Ulisse	Odysseus
occidentale	westlich
'mafia *f*	Mafia
banditismo [z] *m*	Banditentum
violento [ɛ]	gewalttätig
Ajace	Ajax
andando verso [ɛ] occidente [ɛ] *m*	auf dem Weg nach Westen
campagna *f*	Land
'fertile [ɛ]	fruchtbar
bene [ɛ] ordinato	wohlgeordnet
atto *m*	Akt
non solo ... ma	nicht nur ... sondern sogar
furto *m*	Diebstahl
raro	selten
tutta'via	dennoch
zona [dzɔ] *f*	Zone
arretrato	rückständig

si vanno adeguando Inf. adeguarsi 1. Pers. mi a'deguo	sind dabei sich anzupassen. *Andare* und *venire* + Gerundium werden oft benutzt, um einen gerade stattfindenden, allmählichen Prozeß zu beschreiben.
una realtà	eine Wirklichkeit
una distinzione	eine Unterscheidung
'tendere [ɛ] a	neigen zu
scomparire 1. Pers. scom'paio	verschwinden
'nascere 1. Pers. nasco	geboren werden
in'dustria *f*	Industrie
pe'trolio [ɔ] *m*	Erdöl
rinvenire 1. Pers. rinvengo[ɛ]	auffinden
'Trapani	Trapani, Stadt an der Westküste Siziliens
livello [ɛ] *m*	Ebene
'medio [ɛ]	mittlere, durchschnittlich
la disoccupazione [diz-]	Arbeitslosigkeit
si va abbassando Inf. abbassarsi	ist dabei zu sinken
il Nord	der Norden. Hier ‚Norditalien'.
ammirazione *f*	Bewunderung
esagerare [z] 1. Pers. e'sagero [z]	übertreiben
affermare	bestätigen, behaupten
avangu'ardia *f*	Avantgarde, Vorreiter
appare all'avangu'ardia	erscheint als Vorreiter
una trasformazione	eine Umwandlung
il Sud	der Süden. Hier ‚Süditalien'.

39

il vuoto [ɔ]	die Leere
vuoto d'aria	Luftloch
'proprio [ɔ] ora	gerade jetzt
ebbene [ɛ]	nun
che pa'ura *f*!	ich hab' Angst!
sembra di stare	man glaubt zu sein
montagne russe *f/pl*	Achterbahn
solo che	außer daß
meno	weniger
spaventare 1. Pers. spavento [ɛ]	erschrecken
cavalleresco con	ritterlich, höflich zu
ma che cavalleresco!	ach was, ritterlich!
manesco	grob, streitsüchtig
ventina	etwa zwanzig
una ventina di minuti	etwa zwanzig Minuten
il Tirreno [ɛ]	das Tyrrhenische Meer
in pieno [ɛ] Tirreno	mitten auf dem Tyrrhenischen Meer
la Sardegna	Sardinien
costa [ɔ] *f*	Küste
giornata *f*	Tag. Vgl. *serata* in Lektion 26.

'limpido	klar
aguzzare	schärfen
aguzzare gli occhi [ɔ]	scharf hinsehen
puntina *f*	Pünktchen. Diminutiv von *punta f.*
le 'isole [z] Ponziane	die Pontianischen Inseln
a nord [ɔ] *m*	im Norden
tra poco [trappɔːko]	bald
deviare 1. Pers. de'vio	abschwenken, abweichen
l'entroterra [entrotɛrra] *m*	das Inland
peccato	schade. *Il peccato* ‚die Sünde'.
che peccato	wie schade
bello [ɛ] era [ɛ] bello	es war wirklich schön
costoso	teuer
pena *f*	Strafe, Leid
valere 1. Pers. valgo	wert sein
vale la pena	es lohnt sich
tornati a casa [akkaːsa]	nach Hause zurückgekehrt
fare delle econo'mie	sparen
mah, crediamoci	na ja, wir wollen es mal glauben
preoccupato	besorgt
riportare 1. Pers. riporto [ɔ]	zurückbringen
tutta intera	unversehrt. Obwohl *tutto* vor einem Adjektiv adverbiale Bedeutung hat, stimmt es mit diesem in Geschlecht und Zahl überein.
guidare	fahren
ragione *f*	Vernunft, Grund, Recht
aver ragione di	Grund haben zu
un carro-attrezzi	Abschleppwagen
ingiusto	ungerecht
malaugurato	unglücklich
un incidente [ɛ]	ein Unfall
colpa *f*	Schuld
ah questa!	etwa: ‚Hör dir das an!'
fracassare	zertrümmern
al più	höchstens. Vgl. *al meno* ‚wenigstens'.
ammaccatura *f*	Beule
chi'amala ammaccatura!	schöne Beule! Wörtlich ‚nenn es eine Beule!'
sulla Roma—Firenze [ɛ]	auf der Strecke Rom—Florenz
da un carrozziere [ɛ]	in einer Karosseriewerkstatt
fu colpa del sole	es war Schuld der Sonne
luna *f*	Mond
se c'era [ɛ] la luna	wenn doch der Mond schien
scontrare	zusammenstoßen
litigare 1. Pers. 'litigo	streiten

Vocabolario • Alphabetisches Vokabular

Die Zahl hinter dem Wort bezieht sich auf das Kapitel, in dem es zum ersten Mal vorkommt. Verben werden im Infinitiv angegeben. Die 1. Person Singular wird angegeben a) bei den Verben auf *-ire* um deutlich zu machen, ob sie den erweiterten Präsensstamm auf *-isc-* aufweisen (wie *finire*) oder nicht (wie *dormire*); b) bei unregelmäßiger Präsensbildung und c) bei Ausspracheschwierigkeiten etwa bezüglich der Betonung.

Das Zeichen + hinter einem Infinitiv bedeutet, daß das betreffende Verb unregelmäßig ist. Zusammengesetzte Ausdrücke werden unter dem Hauptwort aufgeführt, z. B. *in genere* unter *genere*.

Hinweise bezüglich der Aussprache, des Geschlechts, der Betonung usw. s. S. 109.

A

a auf 2; in, nach 3; bis 4; nach bestimmten Verben 5
abbassarsi sinken 38
abbastanza genug 8; ziemlich 16
abitare, 'abito wohnen 22
abituale gewöhnlich 36
abi'tudine *f* Gewohnheit 35
accadere+ geschehen 14
accanto a neben 5
ac'cendere+ [ɛ] anzünden 36
accettare, accetto [ɛ] annehmen 31
ac'cogliere+ [ɔ] annehmen 31
accomodarsi, mi ac'comodo [ɔ] Platz nehmen 14
accontentare, accontento [ɛ] zufriedenstellen 23
accordo: d'accordo [ɔ] einverstanden 31
ac'corgersi+ [ɔ], **mi accorgo** [ɔ] bemerken 14
acqua *f* Wasser 33
acquisto *m* Kauf 16
acquolina: far venire l'acquolina in bocca das Wasser im Mund zusammenlaufen lassen 24
ad = **a** 36
adagiare, a'dagio niederlassen 36
adeguarsi, mi a'deguo sich anpassen 38
adesso [ɛ] jetzt 8
a'ereo [ɛ] *m* Flugzeug 22
affermare feststellen 38
affidarsi a sich anvertrauen 38
affogare untergehen 37
agen'zia viaggi Reisebüro 23
ag'giungere+, **aggiungo** hinzufügen 30
aggiustare treffen, gut zielen 22

'agio: sentirsi a suo agio sich wohl fühlen 33
agosto *m* August 11
aguzzare schärfen 39
'albero *m* Baum 1
alcuni einige 4
alleato *m* Verbündeter 22
allontanare entfernen 21
allora nun 8; damals 22
almeno wenigstens 16
alto hoch 9
in alto oben 2
altro anderer 9
alzare erheben 21
alzarsi aufstehen 14
ameno [ɛ] hübsch, lieblich 24
americano *m* Amerikaner, amerikanisch 17
amica *f* Freundin 3
ami'cizia *f* Freundschaft 22
amico *m* Freund 3
ammaccatura *f* Beule 39
ammirazione *f* Bewunderung 38
anche auch 2
ancora noch 4
andare+, **vado** gehen 4; fahren 6
an'darsene+, **me ne vado** weggehen 22
a'neddoto [ɛ] *m* Anekdote 27
'angelo *m* Engel 17
'angolo *m* Ecke 7
animale *m* Tier 34
annaffiare, an'naffio besprengen 24
anno *m* Jahr 11
annunciatore *m* Ansager 21
annunciatrice *f* Ansagerin 21
antico alt 33
anti'patico unsympathisch 35

anzi im Gegenteil 20
anziano älter 25
apparire⁺, appaio erscheinen 18
appena kaum 15; gerade 25
appoggiare, ap'poggio [ɔ] aufstützen, anlehnen 25
apposta [ɔ] absichtlich 32
aprile *m* April 11
aprire⁺, apro öffnen 9
apprezzare, apprezzo [ɛ] schätzen 19
appunto genau 23
a'rancia *f* Apfelsine 5
'aria *f* Luft 22
arit'metica [ɛ] *f* Arithmetik 22
armis'tizio *m* Waffenstillstand 22
arrabbiarsi, mi ar'rabbio sich ärgern 37
arretrato rückständig 38
arrivare ankommen 10
arrivederla auf Wiedersehen 4
ar'ticolo *m* Artikel 38
artiglie'ria *f* Artillerie 22
artista *m, f* Künstler(in) 17
asciutto trocken 19
ascoltare zuhören 25
asfalto *m* Asphalt 36
aspettare, aspetto [ɛ] warten 7
assaggiare, as'saggio schmecken, probieren 27
assoluto absolut 21
assicurare versichern 23
as'sistere beiwohnen 26
astro'nauta *m, f* Astronaut(in) 17
astro'nautico astronautisch 17
astuto schlau 38
atterrare, atterro [ɛ] landen 17
atto *m* Akt 26
attrice *f* (**attore** *m*) Schauspielerin (Schauspieler) 33
au'gurio *m* Wunsch 17
'aula *f* Klassenraum 7
aumentare zunehmen 9
autista *m, f* Fahrer(in) 13
'auto *f* Auto 31
'autobus *m* Bus 36
auto'mobile [ɔ] *f* Automobil 7
autostrada *f* Autobahn 6
autunno *m* Herbst 11
avangu'ardia *f* Avantgarde 38
avanti voraus 27
avanzare vorbringen 31

avere⁺, ho [ɔ] haben 3
aviatrice *f* (**aviatore** *m*) Pilotin (Pilot) 17
avvenimento *m* Ereignis 26
avventura *f* Abenteuer 21
avvertire, avverto [ɛ] warnen 36

B
babbo *m* Papa 4
badare a achten auf 34
bagno *m* Badezimmer 3; Bad 33
balcone *m* Balkon 3
bal'labili *m/pl* Tanzmusik 21
bambina *f* Mädchen 13
bambini *m/pl* Kinder 14
'bambola *f* Puppe 7
bandiera [ɛ] *f* Flagge 6
banditismo [z] *m* Banditentum 38
barba *f* Bart 13
barca *f* Boot 37
basso niedrig 25
  in **basso** unten 3
bastare genug sein, genügen 7
bello [ɛ] schön 5
bene [ɛ] gut 4
be'nissimo sehr gut 13
benone ganz gut 14
bere⁺, bevo trinken 27
berretto *m* Kappe 10
bianco weiß 6
biblioteca [ɛ] *f* Bücherregal, Bibliothek 2
bicicletta *f* Fahrrad 8
biglietto *m* Schein, Fahrkarte 35
biglietto da 'visita [z] *m* Visitenkarte 9
bimotore *m* zweimotoriges Flugzeug 31
bisognare [z] benötigen 6
bisogno [z] *m* Notwendigkeit 8
bizantino [ddz] byzantinisch 38
blu blau 18
bocca *f* Mund 10
bolognese *m* Bolognese 23
bordo *m* Rand 33
borsa *f* (Einkaufs-)Tasche 7
borsetta *f* Handtasche 7
bot'tiglia *f* Flasche 27
'braccio *m pl* **le braccia** *f* Arm 13
bravo tüchtig 10
breve [ɛ] kurz 17
brezza [ddz] Brise 36
brillante *m* Brillant 26
brodo [ɔ] *m* Brühe 24

161

brutto häßlich 37
buco *m* Loch 24
buffet [by'fɛ] *m* Büfett 26
'**buio** dunkel 5
buongus'taio *m* Feinschmecker 19
buono [ɔ] gut 4
burro *m* Butter 28
bussare klopfen 12
buttare werfen 33

C

caffè [ɛ] *m* Kaffee 14
caffellatte *m* Milchkaffee 14
caldo warm 5
calen'dario *m* Kalender 22
calma *f* Ruhe 29
calmarsi sich beruhigen 34
calvo kahl 13
calza *f* Strumpf 18
cambiare, 'cambio wechseln 13
'**camera** *f* **da letto** [ɛ] Schlafzimmer 3
cameriere [ɛ] *m* Kellner 24
camicetta *f* Bluse 18
'**camion** *m* Lastwagen 35
camminare gehen 34
campagna *f* Land 28
campanello [ɛ] *m* Schelle 12
cancellare, cancello [ɛ] auswischen 7
cane *m* Hund 6
cantare singen 26
capelli *m/pl* Haar 30
capire, capisco verstehen 12
capo *m* Kopf, Haupt 25
Capodanno *m* Neujahr 17
cappello [ɛ] *m* Hut 16
cappotto [ɔ] *m* Mantel 18
cappuccino *m* Espresso mit aufgeschäumter Milch 14
ca'rattere *m* Charakter 38
carbone *m* Kohle 6
carità: per carità um Gottes Willen 29
carne *f* Fleisch 19
caro lieb 9; teuer 20
carretto *m* Handwagen 35
carro-attrezzi *m* Abschleppwagen 39
carrozziere [ɛ] *m* Karosseriebauer 39
cartolina *f* Postkarte 12
casa *f* Haus 1
    a casa zu Hause 15
    in casa zu Hause (im Haus) 10

caso [z] *m* Fall 27
    far caso a achten auf 35
catacomba *f* Katakombe 15
ca'tastrofe *f* Katastrophe 17
cattivello [ɛ] ungezogen 17
cattivo schlecht, frech 20
'**causa** [z] *f* Ursache 27
cavalleresco ritterlich 39
cavallo *m* Pferd, PS 6
c'è [ɛ] es gibt 2
'**cedere** [ɛ] nachgeben 32
cena *f* Abendessen 15
cento [ɛ] einhundert 27
cercare suchen 5; versuchen 22
cessare, cesso [ɛ] aufhören 21
che was 1; welcher 6; welch ein 13; das 14
chi wer 1
chiacchierone *m* Schwätzer 34
chiamare rufen 9
chiamarsi heißen 13
chiasso *m* Lärm 36
chiave *f* Schlüssel 1
chi'edere+ [ɛ] fragen 11
chilo *m* Kilo 28
chi'lometro [ɔ] *m* Kilometer 6
chissà wer weiß 33
chi'udere+ schließen 11
ci dort 2; uns 13
'**ciao** hallo 6
cibi *m/pl* Lebensmittel, Speisen 27
cielo [ɛ] *m* Himmel 31
cimitero [ɛ] *m* Friedhof 32
'**cinema** *m* Kino 4
cinquanta fünfzig 15
cinque fünf 5
ciò [ɔ] das 36
circo *m* Zirkus 33
città *f* Stadt 5
cittadina *f* Städtchen 27
cocco *m* Liebling, Schätzchen 13
codesto dieser 16
coincidenza [ɛ] *f* Anschluß 23
colazione *f:* **prima colazione** Frühstück 14
collo [ɔ] *m* Hals 34
colore *m* Farbe 6
Colos'seo [ɛ] *m* Kolosseum 15
colpa *f* Schuld 39
colpire, colpisco treffen 22
coltello [ɛ] *m* Messer 5

come wie 4
cominciare, co'mincio anfangen 4
commentare kommentieren 24
commento *m* Kommentar 26
commesso *m* Verkäufer 9
commosso [ɔ] gerührt 19
comodino *m* Nachttisch 24
compiacere⁺, compi'accio gefallen 27
'compiere⁺ erfüllen 34
completare, completo [ɛ] vervollständigen 31
completo [ɛ] vollständig 23
 al gran completo vollzählig 24
comprare kaufen 4
comunque jedenfalls 25
con mit 3
conferenza [ɛ] *f* Konferenz 22
congiuntivo *m* Konjunktiv 33
'coniuge [ɔ] *m, f* Gatte, Gattin 25
co'noscere⁺, conosco kennen 11
consigliare, con'siglio raten 24
consumare verbrauchen 6
contare zählen 17
contentarsi, mi contento [ɛ] zufrieden sein 31
continuare, con'tinuo fortfahren 10
conto *m* Rechnung 30
contra'erea [ɛ] *f* Luftabwehr 22
contro gegen 31
convenire⁺, convengo [ɛ] passen 27
conversare, converso [ɛ] sich unterhalten 26
copertina *f* Decke 24
co'raggio *m* Mut 7
coricarsi, mi 'corico [ɔ] sich hinlegen 14
corno [ɔ] *m, pl* **le corna** *f* Horn 28
corpo [ɔ] *m* Körper 22
'correre⁺ laufen 11; schnell fahren 32
corri'doio *m* Flur 25
cosa [ɔ] was 2; Sache 17
così so 5
costa [ɔ] *f* Küste 39
costare, costo [ɔ] kosten 8
costoso teuer 39
cravatta *f* Krawatte 9
creatura *f* Geschöpf 36
'credere glauben 14
'crescere⁺, cresco wachsen 35
'critica *f* Kritik 26
cucina *f* Küche 3

cucinare kochen 19
cui: di cui dessen 21 (**a cui** dem)
cugino *m* Vetter 13
cuoca [ɔ] *f* Köchin 19
cuore [ɔ] *m* Herz 28

D

da zu 7; bei 13; aus 15
dappertutto überall 7
dare⁺, do [ɔ] geben 17
davanti a vor 5
davvero wirklich 10
dea [ɛ] *f* Göttin 29
de'cidere⁺ entscheiden 31
'decimo [ɛ] zehnte 10
dedicare, 'dedico [ɛ] widmen 21
del, dello usw. des, einige 7
delusione [z] *f* Enttäuschung 26
deluso [z] enttäuscht 26
demo'cratico demokratisch 31
denaro *m* Geld 35
dente [ɛ] *m* Zahn 24
dentro drinnen, innen 24
desiderare, de'sidero wünschen 9
desi'derio [ɛ] *m* Wunsch 36
destra: a destra [ɛ] rechts 2
det'taglio *m* Detail 31
detto *m* Redewendung 17
deviare, de'vio umleiten, abweichen 39
di von 3; als Teilungsartikel 7; beim Infinitiv 8; als 20
diadema [ɛ] *m, pl* **diademi** Diadem 26
dicembre [ɛ] *m* Dezember 11
dichiarare erklären 22
diciannove [ɔ] neunzehn 19
dicianno'vesimo [ɛz] neunzehnte 19
diciassette [ɛ] siebzehn 17
diciasset'tesimo [ɛz] siebzehnte 17
diciot'tesimo [ɛz] achtzehnte 18
diciotto [ɔ] achtzehn 18
dieci [ɛ] zehn 4
dietro [ɛ] hinter 3
dif'ficile schwierig 19
diffidare di mißtrauen 36
dimenticare, di'mentico vergessen 30
dimenticarsi, mi di'mentico vergessen 16
di'pendere⁺ [ɛ] abhängen 14
dire⁺, dico sagen 8
diret'tissimo *m* D-Zug 15
diretto [ɛ] direkt 36

discorso *m* Rede 22
dis'cutere+ diskutieren 25
disegnare zeichnen 34
disoccupazione [z] *f* Arbeitslosigkeit 38
disposto geneigt 32
distinzione *f* Unterscheidung 38
distratto zerstreut 20
diventare, divento [ɛ] werden 18
diverso anders 14
divertimento *m* Vergnügen 4
divertirsi, mi diverto sich vergnügen 13
di'videre+ teilen 38
dodi'cesimo [ɛz] zwölfte 12
'dodici zwölf 12
dolce süß 36
domandare fragen 6
domanda *f* Frage 35
domani morgen 4
do'menica *f* Sonntag 6
donna [ɔ] *f* Frau 18
dopo nach 17; später 27
dopoguerra [ɛ] *m* Nachkriegszeit 38
dormire, dormo [ɔ] schlafen 12
dove wo 3
dovere+, **devo (debbo)** [ɛ] müssen 9
dovere *m* Pflicht 25
droghiere [ɛ] *m* Lebensmittelhändler 30
'dubbio *m* Zweifel 20
due zwei 2
durante während 27
durare dauern 36
durata *f* Dauer 17
duro hart 26

E
e und 2
ebbene [ɛ] nun gut 39
eccellente [ɛ] ausgezeichnet 27
ec'cetera [ɛ] und so weiter 15
ecco [ɛ] hier ist (sind) 1
econo'mia *f* Wirtschaft 39
elefante *m* Elefant 34
entrare eintreten 9
entrata *f* Eingang 3
entroterra [ɛ] *m* Binnenland 39
entusiasta [z] begeistert 27
Epifa'nia *f* Epiphanias
erba [ɛ] *f* Gras 6
erbi'vendolo *m* Gemüsehändler 28
e'roe [ɔ] *m* Held 21

esagerare [z], **e'sagero** übertreiben 38
esatto [z] genau 27
e'sempio [zɛ] *m* Beispiel 9
e'sistere [z] existieren 33
espressione *f* Ausdruck 26
espresso [ɛ] *m* Espresso 14
'essere+ [ɛ] **sono** sein 1
estate *f* Sommer 11
età *f* Alter 20
eterno [ɛ] ewig 25
etto [ɛ] 100 Gramm 28
Europa [ɔ] *f* Europa 35

F
fa vor 13
'faccia *f* Gesicht 37
'facile leicht 10
falso falsch 33
fa'miglia *f* Familie 13
famoso berühmt 27
fantascienza [ɛ] *f* science fiction 17
fanta'sia [z] *f* Fantasie 21
fan'tastico fantastisch 21
fare+, **'faccio** tun, machen 5; sagen 24
'fascia *f* Streifen 38
'fascino *m* Zauber, Charme 36
fas'tidio *m* Langeweile, Überdruß 37
fatto *m* Tatsache 19
fattorino *m* Laufbursche 9
fava *f* Bohne 28
favoloso fabelhaft 26
favore: per favore bitte 19
feb'braio *m* Februar 11
fedele treu 27
fermarsi stehenbleiben 23
fermo still 23
Ferragosto *m* Nationalfeiertag am 15. August 17
ferro'via *f* Eisenbahn 23
'fertile [ɛ] fruchtbar 38
festa [ɛ] *f* Fest 17
festeggiare, fe'steggio feiern 17
fifone *m* Feigling, Angsthase 32
'figli *m/pl* Kinder 3
'figlia *f* Tochter 3
'figlio *m* Sohn 3
figli'oli [ɔ] *m/pl* Kinder 20
figurarsi sich vorstellen 13
filar via ‚abhauen' 37
filastrocca [ɔ] *f* Kinderreim 24

filetto *m* Filet 29
film *m* Film 4
finalmente endlich 15; schließlich 17
fine *f* Ende 17
finestra [ɛ] *f* Fenster 1
finire, finisco beenden 12
finirla = **finire** 22
fino a bis 31
finta: far finta so tun als ob 32
fiore *m* Blume 1
fiorentino *m* Florentiner 15
firmare unterschreiben 36
fondo *m*: **in fondo** im Hintergrund 2; im Grunde 19
fontana *f* Quelle, Brunnen 33
forestiero [ɛ] *m* Fremder 27
forma *f* Form 33
for'maggio *m* Käse 24
forse vielleicht 5
fortuna *f*: **per fortuna** glücklicherweise 13
forte stark 14
fotogra'fia *f* Fotografie 13
foyer [fwa'je] *m* Foyer 26
fra zwischen 4
fracassare zertrümmern 39
'Francia *f* Frankreich 35
frastuono [ɔ] *m* Lärm 36
fratello [ɛ] *m* Bruder 3
freddo kalt 5
fresco frisch, kühl 24
fretta *f*: **aver fretta** Eile haben 29
frettoloso eilig 24
frutta *f* Obst 24
fuggire, fuggo fliehen 36
fumare rauchen 25
fumo *m* Rauch 6
fuoco [ɔ] *m* Feuer 6
fuori [ɔ] draußen 4
furto *m* Diebstahl 38

G
galante galant 28
gallina *f* Huhn 34
gelato *m* Speiseeis 24
'genere [ɛ] *m*: **in 'genere** im allgemeinen 20
genitori *m/pl* Eltern 3
gen'naio *m* Januar 11
gente [ɛ] *f* Leute 32
gentile freundlich 11
Ger'mania *f* Deutschland 14

gesso [ɛ] *m* Kreide 7
gettare, getto [ɛ] werfen 37
già schon 34
giallo gelb 6
giardino *m* Garten 3
giornale *m* Zeitung 1
giornata *f* Tag 39
giorno *m* Tag 9
   di giorno tagsüber 15
   in questi giorni in diesen Tagen 20
'giovane jung 22
giovedì *m* Donnerstag 11
giraffa *f* Giraffe 34
giro *m* Fahrt, Runde 5
giù unten 12
giugno *m* Juni 11
giusto richtig 22
gonna *f* (Damen-)Rock 18
grande groß 6
grasso fett 29
'grazie danke 4
grazioso hübsch 21
gremito gedrängt voll 26
'grigio grau 6
guadagnare verdienen 15
gu'ancia *f* Wange 10
guanto *m* Handschuh 16
guardare blicken, anschauen 7
guerra [ɛ] *f* Krieg 22
guidare fahren 39
gusto *m* Geschmack 14

I
ieri [ɛ] gestern 15
ignorante *m, f* Dummkopf 34
illusione [z] *f* Illusion 25
illustrare illustrieren 24
illustrazione *f* Illustration 7
imparare lernen 10
impazienza [ɛ] *f* Ungeduld 21
impossibile unmöglich 23
impresa *f* Unternehmung 21
impressione *f* Eindruck 32
improvviso [z] plötzlich 21
in in, nach 2
inaugurare, in'auguro eröffnen, einweihen 31
inaugurazione *f* Eröffnung, Einweihung 26
incantare bezaubern 21
incanto *m* Zauber 36

in'cauto unvorsichtig 27
incidente [ɛ] m Unfall 39
incontro m Treffen 15
incosciente [ɛ] m, f Idiot 34
increspare kräuseln 36
indiano m Indianer 13
indicare, 'indico anzeigen 17
indietro [ɛ] hinter 31
indolente [ɛ] träge 20
in'dustria f Industrie 38
industrioso betriebsam 38
infatti in der Tat 26
infernale höllisch 26
informazione f Information 23
ingiusto ungerecht 39
inglese englisch 21
in'izio m Anfang 21
insegna f Schild 1
insieme [ɛ] zusammen 15
in'sistere bestehen auf 19
insomma kurz und gut 27
insulto m Beschimpfung 26
intenzione f Absicht 8
interessante interessant 17
interno [ɛ] m Inneres 6
intero ganz 39
intervenire+, intervengo [ɛ] eingreifen 24
intesa f Einverständnis 21
intorno a um ... herum 13
in'utile unnütz 34
invece statt dessen 7
inverno [ɛ] m Winter 11
invito m Einladung 32
io ich 12
irrequieto [ɛ] unruhig 20
irresis'tibile unwiderstehlich 32
irripe'tibile unwiederholbar 26
'isola f Insel 38
I'talia f Italien 14
italiano italienisch, Italiener 6

J
jet [dʒɛt] m Jet 31

L
là dort 29
laggiù dort unten 37
lamentela [ɛ] f Klage 25
lampa'dario m Lampe, Kronleuchter 2
lampara f Art Fischerboot 36

lana f Wolle 18
lasciare, 'lascio lassen 9; verlassen 31
latino m Latein, lateinisch 27
latte m Milch 14
lattuga f Kopfsalat 28
lavagna f Wandtafel 7
lavandino m Waschbecken 24
lavare putzen (Zähne) 24; waschen 30
lavoratore m, lavoratrice f Arbeiter, Arbeiterin 38
lavoro m Arbeit 7
laziale aus Latium 27
'Lazio m Latium
leggenda [ɛ] f Legende 33
leggen'dario legendär 33
'leggere+ [ɛ], leggo lesen 25
leggero [ɛ] leicht 36
lei [ɛ] Sie 4; sie 13
'lettera [ɛ] f Brief 12
letto [ɛ] m Bett 3
lettore m, lettrice f Leser, Leserin 32
lezione f Lektion 1
lì dort 5
liberazione f Befreiung 22
'libero frei 31
libro m Buch 1
licenziare, li'cenzio [ɛ] entlassen 22
lieto [ɛ] fröhlich 23
'limpido hell, klar 39
'lingua f Zunge, Sprache 10
lira f Lira 9
litigare, 'litigo streiten 39
litro m Liter 6
livello [ɛ] Ebene 38
locomotiva f Lokomotive 24
lontano weit 32
loro sie 9; ihnen 13
lotta [ɔ] f Kampf 22
luce f Licht 36
'luglio m Juli 11
lui er 13
luna f Mond 39
lundedì m Montag 11
lungo lang 10; längs 36
luogo [ɔ] m: luogo comune Gemeinplatz 38
lusso m Luxus 35

M
ma aber 6

ma sì aber ja doch 13
macché ach was! 16
'macchina *f* Auto 6
macel'laio *m* Metzger
madre *f* Mutter 3
maestra [ɛ] *f* Lehrerin 34
'mafia *f* Mafia 38
'maggio *m* Mai 11
maggioranza *f* Mehrheit 31
maggiore ältere (älteste) 20
ma'gnifico herrlich 15
mai je 20
mala'lingua *f* üble Nachrede 26
malato krank 31
malaugurato unglücklich 39
male schlecht 23
mal *m* **di mare** Seekrankheit 37
mal *m* **di testa** Kopfschmerzen 12
maledetto verwünscht 24
mamma *f* Mama 4
mancare fehlen 10
mandare schicken 27
manesco handgreiflich, grob 39
mangiare, 'mangio essen 19
mano *f*, *pl* **le mani** Hand 10
manzo *m* Rind 29
mare *m* Meer 18
marito *m* Gatte 3
marrone braun 6
martedì *m* Dienstag 11
marzo *m* März 11
matita *f* Bleistift 7
mattina *f* Morgen 12
'medio [ɛ] Mittel-, durchschnittlich
'meglio [ɛ] besser 20, beste 5
mela *f* Apfel 28
meno minus 5; weniger 14
   non poter fare a meno di nicht umhin können zu 24
mentre während 27
menù *m* Menü 24
mera'viglia *f* Herrlichkeit 36
meraviglioso wunderbar 15
mercoledì *m* Mittwoch 11
'merito [ɛ] *m* Verdienst 34
mese *m* Monat 11
'mettere[+] legen, setzen, stellen 28
'mettersi[+] anziehen 18
mezzanotte [meddzanɔtte] *f* Mitternacht 15
mezzo [ɛddz] *m* Mitte 2; halb 15

mezzogiorno [eddz] *m* Mittag 15
micidiale mörderisch 27
milanese *m* Mailänder 27
mille eintausend 33
milione *m* Million 22
minore jünger, jüngste 20
minuto *m* Minute 4
mio mein 9
mi'seria [zɛ] *f* Armut 26
misterioso geheimnisvoll 36
moda [ɔ] *f* Mode 33
modo [ɔ] *m* Art 14
   ad ogni modo jedenfalls 14
'moglie *f* Gattin 3
molto viel, sehr 6
momento *m* Moment 7
   dal momento che seit 19
monarca *m* Monarch 21
monar'chia *f* Monarchie 22
mondo *m* Welt 33
monelle'ria *f* Spitzbüberei 36
moneta *f* Geldstück (**monete** Kleingeld) 33
montagna *f* Gebirge 37
montagne russe *f/pl* Achterbahn 39
'mordere[+] [ɔ] beißen 11
morire[+], **mu'oio** [ɔ] sterben 13
morte [ɔ] *f* Tod 24
morto [ɔ] tot 24
moscato *m* Muskateller
moto [ɔ] *f* Motorrad 35
motoretta *f* Moped 36
multa *f* Strafe 6
museo [zɛ] *m* Museum 15
'musica [z] *f* Musik 21
mutamento *m* Veränderung 38

N

nano *m* Zwerg 35
'nascere[+], **nasco** geboren werden 38
nas'condere[+] verstecken 26
naso *m* Nase 10
Natale *m* Weihnacht 17
nato geboren 22
natura *f* Natur 36
naturalmente natürlich 15
nave *f* Schiff 31
ne davon 16
neanche auch nicht, nicht einmal 12
neces'sario notwendig 32
ne'gozio [ɔ] *m* Geschäft 9

167

in'cauto unvorsichtig 27
incidente [ɛ] m Unfall 39
incontro m Treffen 15
incosciente [ɛ] m, f Idiot 34
increspare kräuseln 36
indiano m Indianer 13
indicare, 'indico anzeigen 17
indietro [ɛ] hinter 31
indolente [ɛ] träge 20
in'dustria f Industrie 38
industrioso betriebsam 38
infatti in der Tat 26
infernale höllisch 26
informazione f Information 23
ingiusto ungerecht 39
inglese englisch 21
in'izio m Anfang 21
insegna f Schild 1
insieme [ɛ] zusammen 15
in'sistere bestehen auf 19
insomma kurz und gut 27
insulto m Beschimpfung 26
intenzione f Absicht 8
interessante interessant 17
interno [ɛ] m Inneres 6
intero ganz 39
intervenire+, intervengo [ɛ] eingreifen 24
intesa f Einverständnis 21
intorno a um ... herum 13
in'utile unnütz 34
invece statt dessen 7
inverno [ɛ] m Winter 11
invito m Einladung 32
io ich 12
irrequieto [ɛ] unruhig 20
irresis'tibile unwiderstehlich 32
irripe'tibile unwiederholbar 26
'isola f Insel 38
I'talia f Italien 14
italiano italienisch, Italiener 6

J
jet [dʒɛt] m Jet 31

L
là dort 29
laggiù dort unten 37
lamentela [ɛ] f Klage 25
lampa'dario m Lampe, Kronleuchter 2
lampara f Art Fischerboot 36

lana f Wolle 18
lasciare, 'lascio lassen 9; verlassen 31
latino m Latein, lateinisch 27
latte m Milch 14
lattuga f Kopfsalat 28
lavagna f Wandtafel 7
lavandino m Waschbecken 24
lavare putzen (Zähne) 24; waschen 30
lavoratore m, lavoratrice f Arbeiter, Arbeiterin 38
lavoro m Arbeit 7
laziale aus Latium 27
'Lazio m Latium
leggenda [ɛ] f Legende 33
leggen'dario legendär 33
'leggere+ [ɛ], leggo lesen 25
leggero [ɛ] leicht 36
lei [ɛ] Sie 4; sie 13
'lettera [ɛ] f Brief 12
letto [ɛ] m Bett 3
lettore m, lettrice f Leser, Leserin 32
lezione f Lektion 1
lì dort 5
liberazione f Befreiung 22
'libero frei 31
libro m Buch 1
licenziare, li'cenzio [ɛ] entlassen 22
lieto [ɛ] fröhlich 23
'limpido hell, klar 39
'lingua f Zunge, Sprache 10
lira f Lira 9
litigare, 'litigo streiten 39
litro m Liter 6
livello [ɛ] Ebene 38
locomotiva f Lokomotive 24
lontano weit 32
loro sie 9; ihnen 13
lotta [ɔ] f Kampf 22
luce f Licht 36
'luglio m Juli 11
lui er 13
luna f Mond 39
lundedì m Montag 11
lungo lang 10; längs 36
luogo [ɔ] m: luogo comune Gemeinplatz 38
lusso m Luxus 35

M
ma aber 6

ma sì aber ja doch 13
macché ach was! 16
'macchina *f* Auto 6
macel'laio *m* Metzger
madre *f* Mutter 3
maestra [ɛ] *f* Lehrerin 34
'mafia *f* Mafia 38
'maggio *m* Mai 11
maggioranza *f* Mehrheit 31
maggiore ältere (älteste) 20
ma'gnifico herrlich 15
mai je 20
mala'lingua *f* üble Nachrede 26
malato krank 31
malaugurato unglücklich 39
male schlecht 23
mal *m* di mare Seekrankheit 37
mal *m* di testa Kopfschmerzen 12
maledetto verwünscht 24
mamma *f* Mama 4
mancare fehlen 10
mandare schicken 27
manesco handgreiflich, grob 39
mangiare, 'mangio essen 19
mano *f*, *pl* le mani Hand 10
manzo *m* Rind 29
mare *m* Meer 18
marito *m* Gatte 3
marrone braun 6
martedì *m* Dienstag 11
marzo *m* März 11
matita *f* Bleistift 7
mattina *f* Morgen 12
'medio [ɛ] Mittel-, durchschnittlich
'meglio [ɛ] besser 20, beste 5
mela *f* Apfel 28
meno minus 5; weniger 14
　　non poter fare a meno di nicht umhin können zu 24
mentre während 27
menù *m* Menü 24
mera'viglia *f* Herrlichkeit 36
meraviglioso wunderbar 15
mercoledì *m* Mittwoch 11
'merito [ɛ] *m* Verdienst 34
mese *m* Monat 11
'mettere+ legen, setzen, stellen 28
'mettersi+ anziehen 18
mezzanotte [meddzanɔtte] *f* Mitternacht 15
mezzo [ɛddz] *m* Mitte 2; halb 15

mezzogiorno [eddz] *m* Mittag 15
micidiale mörderisch 27
milanese *m* Mailänder 27
mille eintausend 33
milione *m* Million 22
minore jünger, jüngste 20
minuto *m* Minute 4
mio mein 9
mi'seria [zɛ] *f* Armut 26
misterioso geheimnisvoll 36
moda [ɔ] *f* Mode 33
modo [ɔ] *m* Art 14
　　ad ogni modo jedenfalls 14
'moglie *f* Gattin 3
molto viel, sehr 6
momento *m* Moment 7
　　dal momento che seit 19
monarca *m* Monarch 21
monar'chia *f* Monarchie 22
mondo *m* Welt 33
monelle'ria *f* Spitzbüberei 36
moneta *f* Geldstück (monete Kleingeld) 33
montagna *f* Gebirge 37
montagne russe *f/pl* Achterbahn 39
'mordere+ [ɔ] beißen 11
morire+, mu'oio [ɔ] sterben 13
morte [ɔ] *f* Tod 24
morto [ɔ] tot 24
moscato *m* Muskateller
moto [ɔ] *f* Motorrad 35
motoretta *f* Moped 36
multa *f* Strafe 6
museo [zɛ] *m* Museum 15
'musica [z] *f* Musik 21
mutamento *m* Veränderung 38

N

nano *m* Zwerg 35
'nascere+, nasco geboren werden 38
nas'condere+ verstecken 26
naso *m* Nase 10
Natale *m* Weihnacht 17
nato geboren 22
natura *f* Natur 36
naturalmente natürlich 15
nave *f* Schiff 31
ne davon 16
neanche auch nicht, nicht einmal 12
neces'sario notwendig 32
ne'gozio [ɔ] *m* Geschäft 9

nero schwarz 6
nessuno niemand 21
niente [ɛ] nichts 5
   per niente überhaupt nicht 35
no [ɔ] nein 1
nocci′ola [ɔ] f Haselnuß 6
noi wir 13
noioso langweilig 22
nome m Name 27
non nicht 1
   non ... mai nie 11
nonno [ɔ] m Großvater 16
nono [ɔ] neunte 9
Nord [ɔ] m Norden, Norditalien 38
nostal′gia f Heimweh 14
nostro [ɔ] unser 9
nota [ɔ] f Note, Anmerkung 27
   prendere nota notieren 27
no′tevole bemerkenswert 38
notte [ɔ] f Nacht 9
novembre [ɛ] m November 11
nulla nichts 27
nuovo [ɔ] neu 6
   di nuovo wieder 31

O

o oder 6
occasione [z] f Gelegenheit 26
occhiali m/pl Brille 10
′occhio [ɔ] m Auge 10
occidentale westlich, West- 38
occidente [ɛ] m Westen 38
occupato besetzt, beschäftigt 25
oggi [ɔ] heute 9
ogni jeder 14
ognuno jeder 21
ometto m Männlein 20
onda f Welle 36
onore m Ehre 19
′opera [ɔ] f Werk, Arbeit, Unternehmung 32
opinione f Meinung 38
ora f Stunde 6; nun 31
   che ora è, che ore sono? wie spät ist es? 15
ordinare, ′ordino anordnen, bestellen 27
′ordine m Befehl 27; Ordnung 18
or′giastico orgiastisch 36
orientale östlich, Ost- 38
originale original 33

o′rigine f Ursprung 17
oro [ɔ] m Gold 26
oro′logio [ɔ] m Uhr 15
osso [ɔ] m, pl le ossa [ɔ] f Knochen 29
oste [ɔ] m Wirt 27
oste′ria f Gaststätte 27
ottavo achte 8
ottenere[+], ottengo [ɛ] erhalten 20
′ottimo [ɔ] beste, ausgezeichnet 9
otto [ɔ] acht 8
ottobre m Oktober 11

P

pacchetto m Päckchen 9
pace f Friede 22
padre m Vater 3
padrone m Chef 27
paese [z] m Land 14
pagare bezahlen 6
pallone m Ball 7
pane m Brot 19
panetto m di burro Päckchen Butter 30
panorama m, pl panorami Panorama 32
papà m Papa 22
pa′ralisi [z] f Lähmung 23
parata f Parade 26
pardon [par′dõ] = scusi Entschuldigung 24
pa′recchio ziemlich viel 8
parere[+], ′paio scheinen 16
parete f Wand 3
Parigi Paris 22
parlante sprechend 21
parlare reden 12
parola [ɔ] f Wort 10
parte f: d'altra parte andererseits 14
   da un'altra parte anderswohin 37
partigiano m Partisan 22
partire, parto aufbrechen, abreisen 15
partita f Spiel, Partie 15
′Pasqua f Ostern 17
pas′saggio m: di passaggio auf Durchreise 33
passare reichen 19
passeggiata f Spaziergang 36
passo m Schritt 33
pasta f Teig, Nudeln 19
patente [ɛ] f Führerschein 9
pa′ura f Angst 11
pavimento m Fußboden 3
pazienza [ɛ] f Geduld 11

peccato schade 39
'peggio [ɛ] schlechter (Adverb) 20
peggiore schlechter (Adjektiv) 20
pelle [ɛ] *f* Haut 28
pena *f* Strafe, Leid 39
pensare, penso [ɛ] denken 9
pensiero [ɛ] *m* Gedanke 20
pentirsi, mi pento [ɛ] bedauern 23
per durch 5; für 8; nach 15; was ... angeht 32
perché warum 6; weil 32
'perdere [ɛ] verlieren 6
perdonare verzeihen 37
perfetto [ɛ] perfekt 37
perfino sogar 36
pe'ricolo *m* Gefahr 8
pericoloso gefährlich 37
però [ɔ] jedoch 11
pesce *m* Fisch 24
pe'trolio [ɔ] *m* Erdöl 38
pezzo [ɛ] *m* Stück 7
piacere⁺, pi'accio gefallen 9
pianeta *m, pl* **pianeti** Planet 17
pi'angere⁺, piango weinen 11
piano *m* Stockwerk 3; langsam 6
  in primo piano im Vordergrund 13
pianterreno *m* Erdgeschoß 3
piazza *f* Platz
picchiare, 'picchio schlagen 12
piccino klein, schmächtig 24
'piccolo klein 6
piede [ɛ] *m* Fuß 8
pieno [ɛ] voll 32
San Pietro [ɛ] *m* St. Peter 15
pilota [ɔ] *m, pl* **piloti** Pilot 22
pipa *f* Pfeife 7
piscina *f* Schwimmbad 37
più mehr 8; mit dem Superlativ 10; mit dem Komparativ 14
  di più mehr 17
  al più höchstens 39
piuttosto [ɔ] ziemlich 14
pizzaiola [ɔ] *f* Gericht mit Tomatensoße 19
un po' [ɔ] ein wenig 9
pochi [ɔ] wenige 33
poco [ɔ] wenig 33
  da poco [ɔ] seit kurzem 31
poi [ɔ] dann 5
pollo *m* Huhn 24
poltrona *f* Sessel 2

'polvere *f* Staub 30
pome'riggio *m* Nachmittag 14
porta [ɔ] *f* Tür 1
portare, porto [ɔ] bringen 9; tragen 16; führen 21
pos'sibile möglich 31
posto *m* Platz 21
potere⁺, posso [ɔ] können 21
poveretto *m* armer Kerl 7
'povero [ɔ] arm 25
pranzo [dz] *m* Mittagessen 3
'pratico praktisch 27
precipitevolissimevolmente sehr überstürzt 10
preciso [z] genau 31
preferire, preferisco bevorzugen 12
prego [ɛ] bitte schön 9
'prendere⁺ [ɛ] nehmen 9; essen, trinken 14
prenotare, prenoto [ɔ] buchen 23
preoccupato besorgt 39
presentare [z], **presento** [ɛ] vorstellen 22
presente [zɛ] anwesend 22
presto [ɛ] schnell 12
prezzo [ɛ] *m* Preis 9
prigione *f* Gefängnis 18
prima zuerst 9; vorher 16; erste Klasse 23; Premiere 26
  prima che bevor 33
  prima di bevor 16
primavera [ɛ] *f* Frühling 11
primo erste 1
principale hauptsächlich, Haupt- 17
prin'cipio *m* Anfang 17
problema [ɛ] *m, pl* **problemi** Problem 38
pro'boscide [ɔ] *f* Rüssel 34
professore *m* Lehrer 7
progetto [ɛ] *m* Plan, Projekt 31
programma *m, pl* **programmi** Programm 21
pro'mettere⁺ versprechen 11
pronto bereit 4; hallo (am Telefon) 20
pro'posito [ɔz] *m*: **in proposito** diesbezüglich 38
proposta *f* Vorschlag 31
'proprio [ɔ] gerade 15; wirklich 26
provare, provo [ɔ] anprobieren 8; versuchen 35
pro'verbio [ɛ] *m* Sprichwort 14
provvedere⁺ sorgen für 35
prudente [ɛ] vorsichtig 32

prudenza [ɛ] *f* Sorgfalt, Vorsicht 8
'**pubblico** öffentlich 32
puntina *f* Pünktchen 39
pure nur 30
puro rein 9
purtroppo [ɔ] leider 7

Q

qua hier 29
quaderno [ɛ] *m* Heft 7
quadro *m* Bild 2
qualche einige 9
qualcosa [ɔ] etwas 7
qualcuno jemand 12
quale welcher 10
qualità *f* Qualität 9
quando wenn 13
quanti wie viele 2
quanto wieviel 9
quaranta vierzig 15
quartiere [ɛ] *m* Stadtviertel 20
quarto vierte 4; Viertel 15
quasi [z] fast 36
quattordi'cesimo [ɛz] vierzehnte 14
quat'tordici [ɔ] vierzehn 14
quattro vier 4
quello jener 9
questo dieser 1
qui hier 4
quindi danach 31
quindi'cesimo [ɛz] fünfzehnte 15
'**quindici** fünfzehn 15
quinto fünfte 5

R

rabbrividire, rabbrividisco schaudern 32
raccontare erzählen 27
ragazza *f* Mädchen 1
ragazzo *m* Junge 1
rag'giungere[+], **raggiungo** erreichen, sich anschließen 25
ragione *f* Recht 9; Grund 39
'**rapido** schnell 21
raro selten 38
ravanello [ɛ] *m* Radieschen 28
razzo [ddz] *m* Rakete 17
re *m*, *pl* **re** König 35
realizzare [ddz] verwirklichen 32
realtà *f* Wirklichkeit 38
referendum [ɛ] *m* Volksabstimmung 22

regalo *m* Geschenk 16
regno *m* Königreich 21
replicare, '**replico** [ɛ] antworten 24
re'pubblica *f* Republik 22
responsabilità *f* Verantwortung 34
rete *f* Netz 32
ricominciare, rico'mincio wieder anfangen 36
rico'noscere[+], **riconosco** erkennen 26
ricordare, ricordo [ɔ] erinnern 22
ricordarsi, mi ricordo [ɔ] erinnern 13
ricordo [ɔ] *m* Erinnerung, Souvenir 22
'**ridere**[+] lachen 11
ri'dicolo lächerlich 18
rimanere[+], **rimango** bleiben 23
ringraziare, rin'grazio danken 19
rinunciare, ri'nuncio verzichten 36
rinvenire[+], **rinvengo** [ɛ] auffinden 38
riportare, riporto [ɔ] verzeichnen 15; zurückbringen 39
riposarsi, mi riposo [ɔ] sich ausruhen 14
risarcire, risarcisco entschädigen 35
rispetto [ɛ] *m* Respekt 33
ris'pondere[+] antworten 12
ristorante *m* Restaurant 19
risultato *m* Ergebnis 20
risuscitare auferwecken 24
ritardo *m* Verspätung 4
ritornare zurückkehren 33
ritorno *m* Rückkehr 31
rituale rituell 17
riunione *f* Versammlung 13
riunire, riunisco versammeln 24
riuscire[+], **riesco** [ɛ] gelingen 22
ri'vincita *f* Revanche 36
romano *m* Römer, römisch 33
romanzo [dz] *m* **giallo** Kriminalroman 17
ronzante [dz] brummend 36
rosmarino [z] *m* Rosmarin 19
rosso rot 6
ruggire, ruggisco brüllen 36
rumoroso laut 36
russo *m* Russe, russisch 17

S

'**sabato** *m* Samstag 11
'**sabbia** *f* Sand 9
'**saggio** weise 38
sala *f* Raum, Saal 3
salotto [ɔ] *m* Wohnzimmer 7

salutare grüßen 20
salute *f* Gesundheit 20
salvarsi sich retten 22
sanguinare, 'sanguino bluten 28
sano gesund 8
santo heilig 17
sapere+, so [ɔ] wissen 5; können 26
Sardegna *f* Sardinien 39
sbagliare [z], 'sbaglio einen Fehler ma-} [chen 20]
sbagliarsi [z], mi 'sbaglio sich irren 24
sbarco [z] *m* Landung 22
scaffale *m* Regal 5
scala *f* Treppe 11
scambiare, 'scambio austauschen 21
scandalizzato [ddz] geschockt 26
scappare weglaufen 34
scarpa *f* Schuh 10
'scatola *f* Dose 30
scatto: di scatto plötzlich 21
'scegliere+, scelgo wählen 24
scelta *f* Wahl 31
'scendere+ hinuntergehen 11
schermo *m* Bildschirm 21
scherzare scherzen 20
schiaffo *m* Ohrfeige 35
sciarpa *f* Schal 16
'scimmia *f* Affe 34
sciocchezza *f* Dummheit 17
'sciopero [ɔ] *m* Streik 23
scom'mettere+ wetten 25
'scomodo [ɔ] unbequem 36
scomparire+, scom'paio verschwinden 38
scompartimento *m* Abteil 25
sconosciuto unbekannt 17
scontrare zusammenstoßen 39
scotennare skalpieren 13
scozzese *m* Schotte, schottisch 18
scrittore *m* Schriftsteller 17
'scrivere+ schreiben 24
scuola [ɔ] *f* Schule 8
scuro dunkel 9
scusare [z] entschuldigen 4
se wenn 6
sé sich 18
seccare langweilen 34 (wörtlich: trocknen)
secondo *m* Sekunde 15; zweite 2
sedere+, siedo [ɛ] sitzen 13
'sedia [ɛ] *f* Stuhl 2
sedi'cesimo [ɛz] sechzehnte 16
'sedici sechzehn 16

segno *m* Zeichen 19
seguente [ɛ] folgend 17
sei [ɛ] sechs 6
seicento [ɛ] *f* Fiat 600 6
selciato *m* Straßenpflaster 36
sembrare scheinen 9; sein wie 20
'semplice einfach 6
sempre [ɛ] immer 4
sensazione *f* Gefühl, Empfindung 26
sentire, sento [ɛ] hören 10; fühlen 27
senza [ɛ] ohne 12
sera *f* Abend 26
serbare, serbo [ɛ] bewahren 33
'serie [ɛ] *f* Serie 38
'serio [ɛ] ernst 11
servire, servo [ɛ] dienen, bedienen 12
servitore *m* Diener 27
sesto [ɛ] sechste 6
seta *f* Seide 9
sette [ɛ] sieben 7
settembre [ɛ] *m* September 11
settimana *f* Woche 11
'settimo [ɛ] siebte 7
sfarzo [dz] *m* Luxus, Prunk 26
sfollare, sfollo [ɔ] evakuieren 22
si so 13
sì ja 1
Si'cilia *f* Sizilien 22
siciliano *m* Sizilianer, sizilianisch 38
siesta [ɛ] *f* Mittagsruhe 14
sigaretta *f* Zigarette 4
signora *f* Frau 1
signore *m* Herr 1
signorina *f* Fräulein 9
sim'patico sympathisch 28
sinistra: a sinistra auf der linken Seite 2
'smettere+ [z] aufhören 11
'smetterla+ [z] = 'smettere 18
soffitto *m* Zimmerdecke 3
soggiorno *m* Wohnzimmer 3
soldi [ɔ] *m/pl* Geld 8
sole *m* Sonne 6
'solito [ɔ]: al (di) 'solito üblich 13
solo nur 2; allein 21
  da solo allein 34
soltanto nur 10
sonnecchiare, son'necchio schlummern 25
sopportare, sopporto [ɔ] ertragen 36
soprannaturale übernatürlich 36
soprattutto vor allem 17

173

sopravvissuto *m* Überlebender 17
sorella [ɛ] *f* Schwester 3
'sorgere+, sorgo sich erheben 36
sor'ridere+ lächeln 24
sorriso *m* Lächeln 21
sospeso schwebend 36
sostare, sosto [ɔ] anhalten, rasten 27
sotto unter 3
spalliera [ɛ] *f* Lehne 25
spal'luccia *f*: **fare spallucce** mit den Schultern zucken 24
spaventare, spavento [ɛ] erschrecken 39
'specchio [ɛ] *m* Spiegel 1
speciale besonders 22
spedire, spedisco schicken 12
sperare, spero [ɛ] hoffen 20
spesa *f*: **fare le spese** einkaufen gehen 10
spesso oft 14
spet'tacolo *m* Schauspiel 21
spezzare, spezzo [ɛ] zertrümmern 22
spinaci *m/pl* Spinat 19
'spirito *m* Geist, Witz 20
'splendido [ɛ] wunderbar 23
sportello [ɛ] *m* Wagentür, Schalter 6
sportivo sportlich 32
sposare [z], sposo [ɔ] heiraten 24
sposarsi [z], **mi sposo** [ɔ] sich verheira-
sposi [ɔz] *m/pl* Brautleute 14   [ten 17
'stadio *m* Stadion 33
stagione *f* Jahreszeit 11
stamane heute morgen 28
stamattina = stamane 28
stanco müde 16
stanza *f* Zimmer 2
stare+, sto gehen (allgemeines Befinden) 4; passen 16; mit dem Gerundium 24
   stare per im Begriff sein zu 23
   star dietro [ɛ] **a qualcuno** jemandem nachlaufen 25
stasera heute abend 5
sta'tistica *f* Statistik 32
stato *m* Staat 32
stesso selbst 18
strada *f* Straße 35
strano seltsam 12
'strepito [ɛ] *m* Lärm 36
strepitoso: **vittoria** *f* **strepitosa** überwältigender Sieg 15
stretto eng 16
studente [ɛ] *m* Student 1

studentessa *f* Studentin 7
studiare, 'studio studieren, lernen 22
studioso fleißig 20
'stupido dumm 35
su auf 5; über 26
'subito sofort 14
suc'cedere+ [ɛ] geschehen 17
Sud *m* Süden, Süditalien 38
'suddito *m* Untergebener, Untertan 21
suggestione *f* Suggestion, Eindruck, Atmosphäre 36
suo ihr 8; ihr (*pl*) 10; sein 21
suonare, suono [ɔ] schellen 12
svegliare [z], 'sveglio wecken 12

T
talvolta [ɔ] manchmal 36
tanti so viele 6
tanto so viel 20
   di tanto in tanto von Zeit zu Zeit 21
tappa *f* Etappe, Pause 31
tappeto *m* Teppich 2
tardi spät 14
targa *f* Kennzeichen 6
tassì *m* Taxi 15
'tavola *f* Tisch 5
'tavolo *m* Tisch 27
'tazza *f* Tasse 14
tè *m* Tee 14
tedesco *m* Deutscher, deutsch 3
telefonare, te'lefono [ɛ] telefonieren 12
televisore [z] *m* Fernsehgerät 21
tempo [ɛ] *m* Zeit 8
'tendere [ɛ] neigen zu 38
tenere+, tengo [ɛ] halten 24
'tenero [ɛ] zart 29
terminare, 'termino [ɛ] beenden 10
terra [ɛ] *f* Erde 17; Land 37
ter'ribile schrecklich 12
terzo [ɛ] dritte 3
testa [ɛ] *f* Kopf 12
tetto *m* Dach 3
tipo *m* Typ 14
tirare schießen 31
tiro *m* Schuß 22
Tirreno [ɛ] *m* Tyrrhenisches Meer
'titolo *m* Titel 24
toccare: **tocca a me** ich bin an der Reihe 31
toilette [twa'lɛt] *f* Garderobe 26
tomba *f* Grab 27

topo [ɔ] *m* Maus 21
tornare zurückkehren 9
toscano *m* Toskaner, toskanisch 24
totale *m* Summe 31
tra zwischen 15; unter 17; in 25
traballare schwanken 24
tranquillo ruhig 32
trasformazione *f* Umwandlung 38
tras'mettere[+] [z] übertragen (Radio-, Fernsehsendungen usw.) 21
trasporto [ɔ] *m* Transport 23
trattato *m* Vertrag 22
tre drei 2
tredi'cesimo [ɛz] dreizehnte 13
'tredici dreizehn 13
tregua *f* Waffenstillstand 36
treno [ɛ] *m* Zug 15
trenta dreißig 15
tritare fein hacken 29
troppo [ɔ] zu 9; zu viel 16
trovare, trovo [ɔ] finden 9; aufsuchen, besuchen 18
tu du 9
tuffarsi sich hineinstürzen, eintauchen 37
tuo dein 8
turbare stören 21
tutta'via dennoch 38
tutti alle 8
tutto ganz 6; alles 7
la TV [tivu] *f* das Fernsehen 21

U

ubbidire, ubbidisco gehorchen 18
undi'cesimo [ɛz] elfte 11
'undici elf 11
unico einzige 17
unirsi, mi unisco sich anschließen 27
uno eins 1; einer, man 33
uomo [ɔ] *m, pl* **uomini** Mann 22
usanza [z] *f* Brauch 14
uscire[+], **esco** [ɛ] ausgehen 21

V

vagone *m* Waggon 24
valere[+], **valgo** wert sein 26
'vecchio [ɛ] alt 6
vedere[+] sehen 5
velocità *f* Geschwindigkeit 32
'vendere verkaufen 16
venerdì *m* Freitag 11
venire[+], **vengo** [ɛ] kommen 12
ven'tesimo [ɛz] zwanzigste 20
ventun'esimo [ɛz] einundzwanzigste 21
venti zwanzig 20
ventina etwa zwanzig 39
ventuno einundzwanzig 21
veramente wirklich 11
verde grün 6
verdura *f* Gemüse 28
vergognarsi sich schämen 26
vero wahr 5; wirklich 17
verso [ɛ] in Richtung auf 25
'vescovo *m* Bischof 27
vespa [ɛ] *f* Vespa (Motorroller) 35
vestirsi, mi vesto [ɛ] sich anziehen 13
vestiti *m/pl* Kleider 18
vestito *m* Anzug 18
via *f* Straße 9; über 31; los! 33
viaggiare, vi'aggio reisen 3
viaggiatore *m* Reisender 27
vi'aggio *m* Reise 15
vicino nebenan 7; nahe 26
vino *m* Wein 27
violento [ɛ] gewalttätig 38
violenza [ɛ] *f* Gewalt 38
'visita [z] *f* Besuch 9
visitare [z], **'visito** besuchen 9
vitello [ɛ] *m* Kalb 29
vit'toria [ɔ] *f* Sieg 15
vivace lebhaft 20
'vivere[+] leben 33
vivo lebendig 36
voce *f* Stimme 25
'voglia [ɔ] *f* Neigung, Lust 8
voi ihr 13
volentieri [ɛ] gern 16
volere[+], **'voglio** [ɔ] wollen 13
volta [ɔ] *f* Mal 13
'vongola *f* Venusmuschel 19
vostro [ɔ] euer 10
votare stimmen 31
voto *m* Stimme (bei einer Wahl) 22
vu'oto [ɔ] *m* **d'aria** Luftloch '39

Z

zero [dzɛ] *m* Null 1
zia *f* Tante 13
zio *m* Onkel 13
zona [dzɔ] *f* Zone 38
zoo'logico [dzoo'lɔ] zoologisch 34
'zucchero *m* Zucker 30

Angaben zu den Karten auf den Umschlaginnenseiten

Italienkarte

Agrigento [ɛ]
'Austria
'Cagliari
Ca'labria
Cam'pania
Ca'tania
'Corsica [ɔ]
Etna [ɛ]
Firenze [ɛ]
'Francia
'Genova [ɛ]
'Isole [z] E'olie [ɔ]
'Isole [z] Ponziane
Iugos'lavia [z]
'Lazio
Li'guria
Lombar'dia
Mar Adri'atico
Mar I'onio [ɔ]
Mar 'Ligure
Mar Tirreno [ɛ]
'Napoli
Paestum ['pɛstum]
Pe'rugia

Po [ɔ]
'Puglia
Si'cilia
'Svizzera [zv]

'Tevere
'Umbria
Ve'nezia [ɛ]
Ve'suvio [z]

Stadtplan von Rom

Corso Vit'torio [ɔ] Emanuele
Giardino Zoo'logico [dzoo'lɔ]
Piazza dei Cinquecento [ɛ]
Piazza dell'Esedra [zɛ]
Piazza del 'Popolo [ɔ]
Piazza Ve'nezia [ɛ]
'Pincio
'Tevere
Via 'Appia Antica
Via Au'relia [ɛ]
Via Cavour [ka'vur]
Via dei Fori [ɔ] Imperiali
Via della Conciliazione
Via Fla'minia
Via Ostiense [ɛ]
Via Sa'laria
Via XX (= venti) Settembre [ɛ]
Via Vit'torio [ɔ] 'Veneto [ɛ]
Villa Borghese [z]
San Pietro [ɛ] in Vaticano
Castel [ɛ] S. (= Sant') 'Angelo
SS. (= San'tissima) Trinità dei Monti
Porta [ɔ] Pia
Palazzo del Quirinale (Residenz des italienischen Staatspräsidenten)
Fontana di Trevi [ɛ]
Monteci'torio [ɔ] (Sitz des Parlaments)
Casa di S. (= Santa) 'Brigida
Vittoriano (Monumento Vit'torio [ɔ] Emanuele [ɛ] II [= Secondo])
'Pantheon
Piazza del Campi'doglio [ɔ]
Foro [ɔ] Romano e Palatino
Colos'seo [ɛ]
S. (= Santa) Maria Maggiore
Stazione 'Termini [ɛ] (Roms Hauptbahnhof)
S. (= San) Giovanni in Laterano
Terme [ɛ] di Caracalla
Porta [ɔ] S. (= San) Sebastiano
Porta [ɔ] S. (= San) 'Paolo